围棋

从入门到九段

宇拙 2

10级到5级
1000题

陈　禧
胡啸城
卫泓泰
——著

U0314397

化学工业出版社

·北京·

图书在版编目（CIP）数据

围棋从入门到九段.2,守拙：10级到5级1000题/陈禧，
胡啸城，卫泓泰著.—北京：化学工业出版社，2022.9
ISBN 978-7-122-41587-5

Ⅰ.①围… Ⅱ.①陈… ②胡… ③卫… Ⅲ.①围棋—
教材 Ⅳ.①G891.3

中国版本图书馆CIP数据核字（2022）第095985号

责任编辑：史 懿　　　　　　　　　　封面设计：溢思视觉设计／尹琳琳
E-mail: isstudio@126.com Yinlinlin
责任校对：王 静　　　　　　　　　　装帧设计：宁小敬

出版发行：化学工业出版社（北京市东城区青年湖南街 13 号　邮政编码 100011）
印　　装：河北京平诚乾印刷有限公司
787mm×1092mm 1/16　印张 12$\frac{1}{2}$　字数 180 千字　2023 年 1 月北京第 1 版第 1 次印刷

购书咨询：010-64518888　　　　　　售后服务：010-64518899
网　　址：http://www.cip.com.cn
凡购买本书，如有缺损质量问题，本社销售中心负责调换。

定　　价：59.80 元　　　　　　　　　　　　　　版权所有　违者必究

序　言

我和奇略合作"从入门到九段"有不少时间了。这套选题最早来自于一次吃饭，泓泰说：上次出版的《零基础学围棋：从入门到入段》反响不错，再挑战一次"从入门到九段"怎么样？

于是经过近两年的设计、制作、编排，这套书终于要和大家见面了。题目全部是陈禧职业五段原创的。他热爱创作死活题，这些题目在网上有数千万人次的做题量和大量的反馈，经过了充分地检验和锤炼。其中高段分册的有些题目我看到了也需要思考一段时间，做完之后，感受很好，确实有助于基本功的训练。

围棋学习是提升自己思维素养的过程，最讲究记忆力和计算力的训练。

常用的棋形，需要记得快，还要记得准、记得牢。必须要养成良好的学习习惯：多下棋，下棋之后复盘，长此以往会慢慢养成过目不忘的能力，下过的棋全部摆得出来。围棋的记忆，不仅要了解一个形状，还要记住上下关联的变化，理解得越深，记得越全面。记的东西多了，分门别类在头脑中整理好，就有了一套自己的常用知识体系，形成了实战中快速反应的能力。

实战中总有记不完的新变化，围棋对弈还尤其考验临机应变的能力。出现新变化的时候，需要进行计算。计算是在头脑中形成一块棋盘，一步一步地在上面落子，进行脑算；同时还需要有一个思维体系，从思考为什么会有这样的棋形开始，到思考这个变化为什么可行，那个变化为什么不行。这里说的计算，包含了大家平时说的分析和判断。通过综合训练，逐渐拥有强大的想象力，形成围棋中克敌制胜的计算力。

围绕训练这两种能力，奇略做了错题本和死活题对战的新功能，比我们那个时候训练的条件还要更进一步。一套好书，可以是一位好的教练，一位好的导师。希望通过这套书能够让围棋爱好者和学员们真正提高自己的硬实力，涌现出更多优秀的围棋人才，超越我和我们这一代棋手。

职业九段是我职业生涯中重要的里程碑，是我新征程的开始。而对于广大爱好者来说，从入门到九段，可能是一段长长的征程，有着无数的挑战。这里引用胡适先生论读书的一段话，与大家共勉："怕什么真理无穷，进一寸有一寸的欢喜。即使开了一辆老掉牙的破车，只要在前行就好，偶尔吹点小风，这就是幸福。"

2022 年 8 月

前　言

很高兴这套书遇到了您。

这套书，献给那些对自己有要求的爱好者和对提升学生棋力最热忱、最负责任的围棋老师们。

奇略是一家以做围棋内容和赛事起步的公司，目前是业内最主要的围棋内容，尤其是围棋题目的供应方之一。我们长期支持各类比赛，包括北京地方联赛和全国比赛。进入人工智能时代，我们相信，围棋的学习一定是围绕着提升棋手自身综合素养进行的。通过学习围棋，每位棋手都可以成为有创新意识，有独立分析能力的优秀人才。

奇略坚持创新和创作，坚信天道酬勤。当我们开始创作这样一套综合题库时，我们合理安排每一道题，每一章都为读者设计了技巧提示和指引，每一项围棋技能都邀请了顶尖的职业棋手寻找更好的训练方式。

从入门到九段，不仅要有充足的训练资源，还要有有效的训练方式和成长计划。今天这份成长秘籍已送到您的手边。我们从十年来原创的题目中，选取了棋友反馈最多的题目——10000道！按照难度进行编排。它们将会推动您一点一点成长，我们可以想象出无数孩子和爱好者一道一道做下去时兴奋的表情。

日常训练的时候，最头疼的就是：很多时候想这么下，但是答案没有这个分支，一道一道都去问老师要花很多时间，想自己摆棋，棋子太多也要摆好久。

如今奇略将答案全部电子化，更找到北京大学生围棋联赛的同学们，根据爱好者的反馈，给每一道题加上了详细的变化。为了方便大家提升，我们还做了电子错题本和知识点图解。我们会结合您做题中的反馈，对您的专注力、计算力和记忆力做出分析，让您的成长走捷径。

千里之行，始于足下，让我们现在开始吧。

本套书的成书过程得到了太多人的支持，在此感谢科大讯飞联合创始人胡郁，海松资本陈飞、王雷，北京大学校友围棋协会会长曾会明的大力支持。成书期间，周睿羊九段多次来奇略为我们摆棋指导，感谢周睿羊九段的意见让这套书更完善。

卫泓泰　胡啸城　陈　禧

2022 年 8 月

目　录

凡　例

1. 本书题目均为黑先，答案为无条件净活 / 净杀或有条件劫活 / 劫杀。

2. 本书题目大致按照知识点、难度排序，建议读者循序渐进，按照舒适的节奏安排练习。

3. 读者可以直接在书中作答，也可扫描书友卡中的二维码，在电子棋盘上进行互动答题并用错题本记录错题。

4. 读者在进入答题界面后，可以按照下列操作进行答题，也可以输入题目序号，找到对应题目后直接作答。

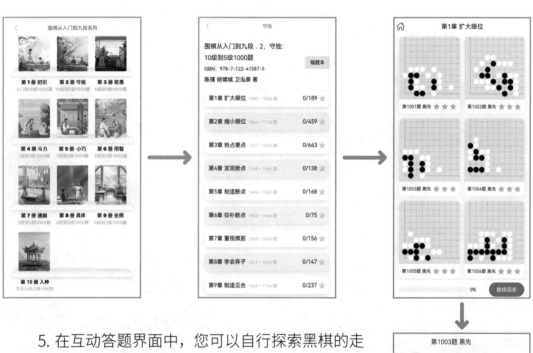

5. 在互动答题界面中，您可以自行探索黑棋的走法，系统将会自动给出白棋的最强应对，并在达到正确结果或失败结果时做出说明。

我们的答题界面、解题过程会持续优化、更新。愿我们的小程序和 App 一直陪伴您的学棋之路，见证您棋艺的提高。

本书知识点

扩大眼位

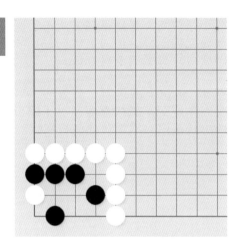

图 1

"扩大眼位法"是指通过增加内部空间的方式，让内部空间扩张到足够容纳两只真眼的做活方法。

如图 1，黑棋需要通过让内部空间变大的方法做活，黑棋该如何行棋呢？

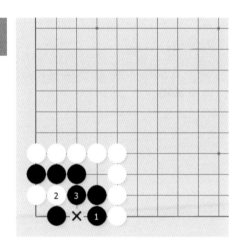

图 2

如图 2，黑 1 挡住，让内部空间变大是本题的正解。即使白 2 冲，黑 3 也可以挡住。这样，黑棋吃掉生存空间中的两颗白子，可以作为其中一只真眼，而 × 位的空间可以作为另外一只真眼，黑棋成为活棋。

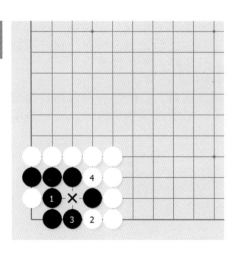

图 3

如图 3，黑 1 如果单纯做眼，被白 2 拐到之后即失去做活的最后机会。黑 3 即使挡住，被白 4 再挤，黑棋右边的 × 位成为假眼，此时黑棋只有一只真眼，无法做活。

因此，在己方空间不足以构成两只真眼的条件下，必须尝试扩大眼位，方能争取到做活的可能。

缩小眼位

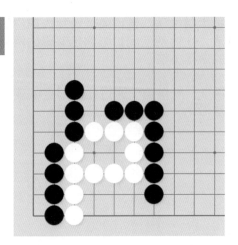

图 4

"缩小眼位法"是指从对方所占空间的未封闭处向内压缩，使对方的内部空间不足以做成两只真眼的杀棋方法。

如图 4，白棋上方已有一只真眼，下方的真眼尚未成形。黑棋需要通过压缩白棋空间的方法杀棋，黑棋该如何行棋呢？

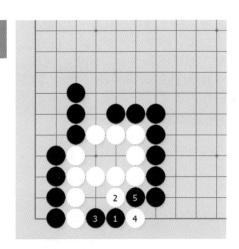

图 5

如图 5，黑 1 小飞缩小眼位的速度快，是破眼的要点。白 2 顶、黑 3 破眼、白 4 扳之后，看起来白棋可以吃掉两颗黑子做活，然而被黑 5 断之后竟然只能做成一只假眼，白棋被杀。

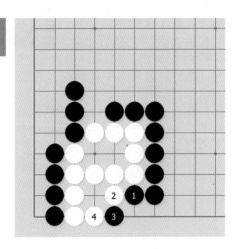

图 6

黑 1 如像图 6 中拐，则破眼的速度不够。白 2 挡住之后，黑 3 扳时，白 4 可以做出第二只真眼，无条件做活。

因此，在对方空间即将构成两只真眼的条件下，必须尝试缩小眼位，方能争取到杀棋的可能。

抢占要点

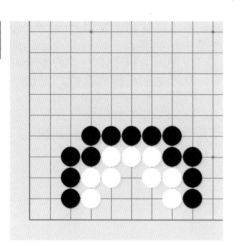

图 7

"抢占要点法"是指从对方的棋形识别出要点，并快速抢占该要点，破坏对方棋形的杀棋方法。

如图 7，下方白棋的内部生存空间较大，但有一处明显需要抢占的棋形要点，黑棋先行，应该下在哪里最好呢？

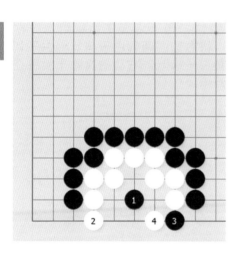

图 8

如图 8，黑 1 正中白棋棋形的要点；虽然送进去的一颗黑子已经被白子完全包围，却有效破坏了白棋做眼的潜力。

即使白 2 立下努力扩大眼位，被黑 3 扳之后，白棋内部的空间已经形成被点中的"葡萄六"，因而无条件净死。

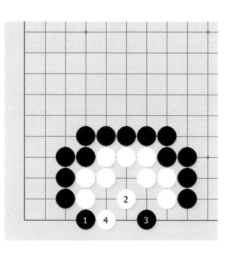

图 9

假如黑棋第一手下在除眼形要点之外的地方，就会被白棋立刻抓住机会，抢占要点做活。如图 9，黑 1 如果从外面扳，被白 2 占据要点之后已形成一只真眼；接下来由于 3、4 两点见合，黑棋无论如何都杀不掉这块白棋。

因此，在对方空间内有明显棋形要点的情况下，必须尝试抢占要点，一剑封喉。

发现断点

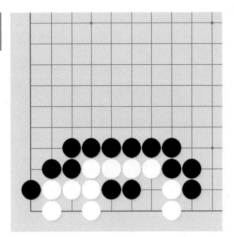

图 10

能够切断棋子连接的关键点，称为"断点"。断点是棋形的弱点，发现断点之后切断对方，可以使对方棋形的一部分或全部陷入危险，从而达到杀棋的目的。

图 10 中，白棋左边有一只真眼，右边虽然有真眼的眼形，但棋形存在缺陷。黑棋先行，应该下在哪里最好呢？

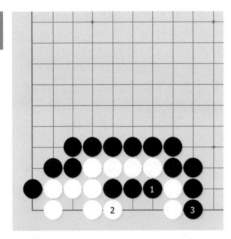

图 11

如图 11，黑 1 发现了白棋棋形存在的断点，将右边的两颗白子与其他白子切断。两颗白子被吃，右边的真眼不复存在，白棋被杀。

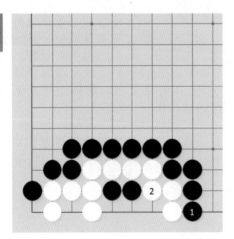

图 12

如图 12，黑 1 如果在外面挡住，被白 2 抢先补掉断点，白棋就形成了左右各一只真眼，得以净活。

因此，在对方棋形有明显断点的条件下，应该敏锐发现断点，给对方的棋制造麻烦。

制造断点

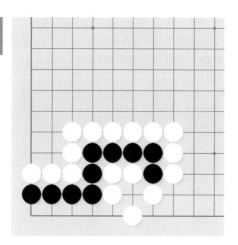

图 13

在某些情形中，一块棋存在的缺陷可能并不明显，需要做一些准备工作之后才能制造出断点。

如图 13，右侧的白棋气数较少，存在棋形弱点。黑棋先行，能否利用某种先手威胁制造断点呢？

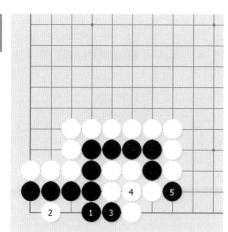

图 14

如图 14，黑 1 立是有效的先手威胁，右侧威胁吃掉三颗白子，左侧形成直三的不确定型。白 2 如果去抢占直三中间的要点，黑 3 打吃又是先手；白 4 粘上之后，黑棋就成功地制造出 5 位的断点，可以抱吃右侧的一团白子。

本图的结果，显然对于黑棋来说收获颇丰。但是如果没有黑 1、3 的准备工作，黑 5 并不会直接成立，这个断点也就不是断点了。

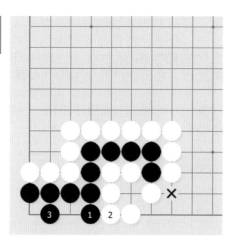

图 15

如图 15，白棋若于 2 位回应黑 1 的威胁，黑 3 即可下在直三的中间，做成两只真眼。原本内部空间不足的黑棋，利用下立进行先手威胁，仍然成功做活。

弥补断点

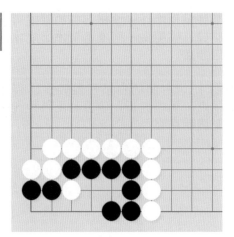

在攻击对方棋形缺陷的时候需要制造断点，在防御自身确保做活的时候也需要"弥补断点"。

如图16，目前左下角的黑棋被一颗白子断成两块，值此危急存亡之际，黑棋该如何全身而退呢？

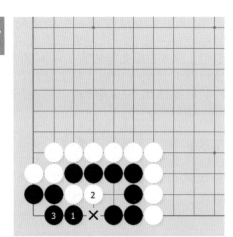

如图17，黑1先从一线打吃，乍一看有些令人惊讶。然而这手棋已经弥补了黑棋的第一个缺陷：假如黑棋按照惯性思维在2位打吃，白棋即可于1位立下，形成"金鸡独立"杀掉黑棋。

图17中白2长出之后，黑3再粘又是弥补断点的正手。由于白棋自身气紧，×位不入气，黑棋得以安然成活。

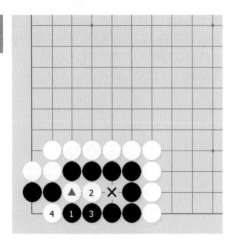

注意：黑棋需要避免如图18中黑3打吃的下法。此举会招致白4致命的一扑！接下来如果黑棋在×位提，白棋在标▲的位置再扑，会形成"双倒扑"杀掉黑棋。

所以说，在弥补自身断点的时候，也是要格外小心的！

重视棋筋

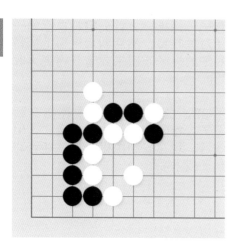

图 19

在实战中，有时会遇到可以吃掉对方不同处棋子的情况。此时我们需要采取"重视棋筋"的战略，先吃掉更重要的棋子（又称为棋筋）。

如图 19，轮到黑棋行棋。中间的白子被周围的多颗黑子包围，似乎即将被打吃。然而黑棋要选择从哪一边打吃呢？

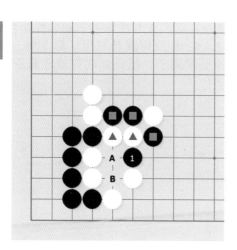

图 20

如图 20，黑 1 从右边打吃是本题的正解。在本图中，两颗白▲子显然是此时的"棋筋"，和三颗黑■子紧密相关。

由于白棋自身存在气紧的弱点，接下来 A、B 两点见合，故白棋棋筋被吃，棋形完全崩溃。不仅如此，黑棋还成功连回了所有己方的棋子，厚味威力无边。

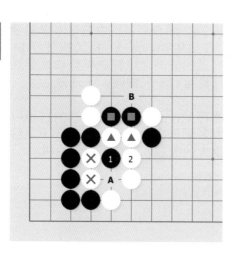

图 21

当然，黑 1 也可以选择图 21 中的双打吃，但是这样吃子的效果便会大打折扣。白 2 粘上之后，黑棋最多只能在 A 位提吃较为无关紧要的两颗白 × 子；相比之下，白棋不仅守住了中间白▲两颗棋筋，还可以接着在 B 位门吃外围的两颗黑■子。

可以看到，本图的结果与图 20 相差甚远。因此，在尝试吃子之前，应该首先确认棋筋的位置，然后以其为重点展开下一步行动。

学会弃子

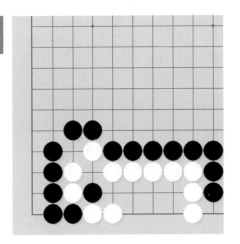

图 22

"弃子"是指一方首先牺牲自己的一些棋子让对方吃掉，然后利用棋形上的特点，将对方的棋子吃回来或者获得更大收益的技巧。

如图 22，白棋的阵地当中存在一颗被困的黑子，包围的空间也较为宽广，似乎已经做活。现在轮到黑棋行棋，能否巧妙利用弃子战术呢？

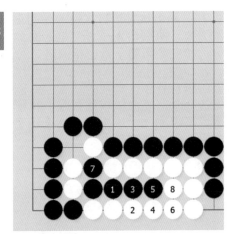

图 23

如图 23，黑 1、3、5 连冲三下都是先手打吃，白 2、4、6 只得跟着长出。黑 7 扑，白 8 提掉五颗黑子，然而此时好戏才真正开始上演！

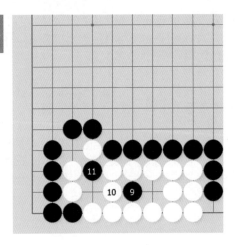

图 24

如图 24，黑 9 点，正中白棋眼形的要点，白 10 如果挡，黑 11 扑又抓住了白棋左侧气紧的缺陷，这样白棋整块棋竟然只有一只真眼和一只假眼，无法做活。

由此可见，虽然黑棋在杀棋的过程中牺牲了很多颗己方的棋子，但在弃子之后获得了更大的收益，吃掉了整块白棋。

制造见合

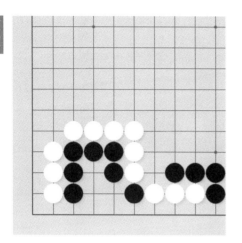

图 25

在《围棋从入门到九段.1，初识》中，我们讲到了通过"三眼两做"构成两点必得其一的技巧。这种情形称为"见合"，是左右逢源的理想状态。

在图 25 的场景中，黑棋可能也需要用到"制造见合"的方法做活左边被包围的黑棋。最佳的落子点在哪里呢？

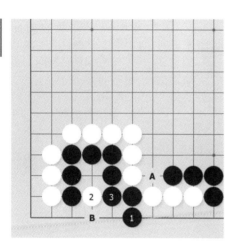

图 26

如图 26，黑 1 立下将眼位扩大，不仅保护了自己的断点，而且还威胁对方的断点，一石二鸟。白 2 如果破眼反抗，黑 3 简单粘住即可，接下来 A 位断、B 位做眼形成见合。

黑 3 之后，如果白棋在 A 位粘，黑 B 即可做眼；如果白棋在 B 位立下破坏眼形，黑 A 断之后右边的三颗白子只有三口气，显然对杀气数不足。

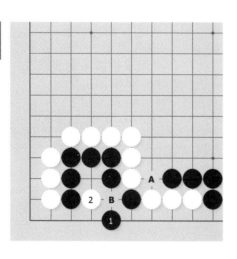

图 27

注意：黑棋如果于图 27 中的 1 位倒虎，则无法形成见合。此时白 2 夹破眼反倒变成了一石二鸟的好手。接下来黑棋如果在 A 位断，白棋即可于 B 位反断吃住黑棋棋筋；黑棋如果在 B 位粘，白棋即可于 A 位粘完成联络，此时黑棋只有一只眼。

因此，在制造见合时也要注意第一步的手法，否则可能会被对方破坏如意算盘，甚至反做见合哦！

利用对方气紧

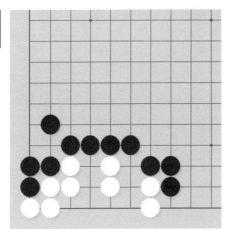

图 28

在前面的弃子例题中，我们已经讨论了图24 中黑 11 "利用对方气紧"的技巧，这种技巧可以抓住对方气紧的弱点，一举将其击溃。

我们再来看一道例题。如图 28，下方白棋的生存空间庞大，似乎离净活并不遥远。黑棋如何利用白棋气紧的弱点，见缝插针呢？

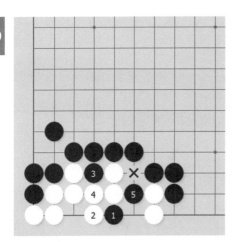

图 29

如图 29，黑 1 托使白棋气紧的弱点充分暴露出来。白 2 如果试图护住左边的眼位，黑 3 可以先冲一下与白 4 粘交换。经过这一个交换之后，黑 5 挖的手段就成立了；白棋想要做活必须吃掉黑 5 一子，然而关键的 × 点不入气，因而被杀。

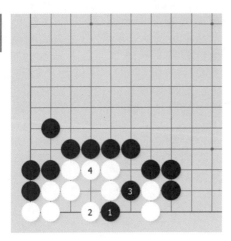

图 30

注意：黑 1 托之后如果像图 30 这样在 3 位直接挖，将会遗漏一个非常重要的次序！此时白 4 直接护住中间的眼位，即可做成两只真眼，黑棋无功而返。

因此，在利用对方气紧的时候，一定要注意行棋的次序，稍有不慎就有可能错过良机。

提防自身气紧

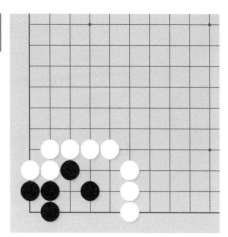

图 31

除了利用对方气紧的弱点之外，在己方做活时也要提防自身气紧，避免因为一着不慎而被对方反攻倒算的可能。

如图 31，轮到黑棋落子。左下角的黑棋已经有一只真眼，需要在旁边做出第二只真眼，黑棋应该下在哪里呢？

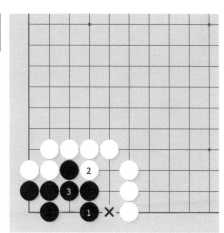

图 32

如图 32，黑 1 直接立下是最为稳妥的正解；如果接下来白 2 打吃，黑 3 粘上即可避开一切风险，安然成活。

当然，黑 1 如果在 × 位小尖，在本题的情形中也可以做活，不过对方的劫材利用也更多一些。

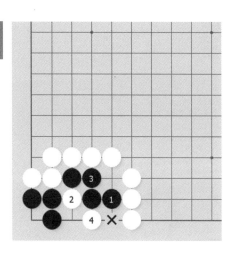

图 33

然而本题的重点其实在图 33：黑 1 如果并，企图横向扩大眼位，就大错特错了！这时，黑棋已经暴露出气紧的弱点；白 2 如果扑，黑 3 粘，白 4 扳，此时 × 位竟然已经成为黑棋不入气的点，黑棋被杀。

从上面的例子我们可以看出，无论是做活己方还是攻杀对方，提防自身气紧都是落子前必须考虑的。

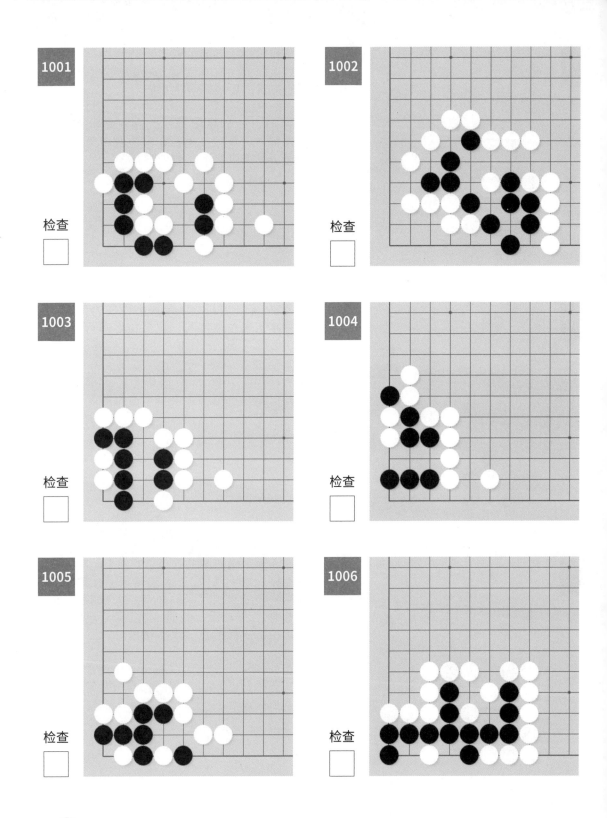

1007

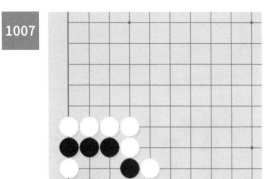

检查

1008

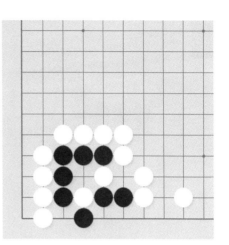

检查

1009

检查

1010

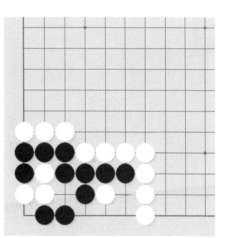

检查

1011

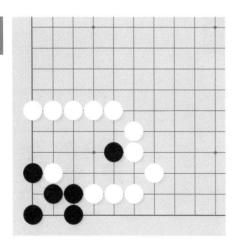

检查

1012

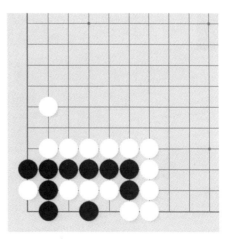

检查

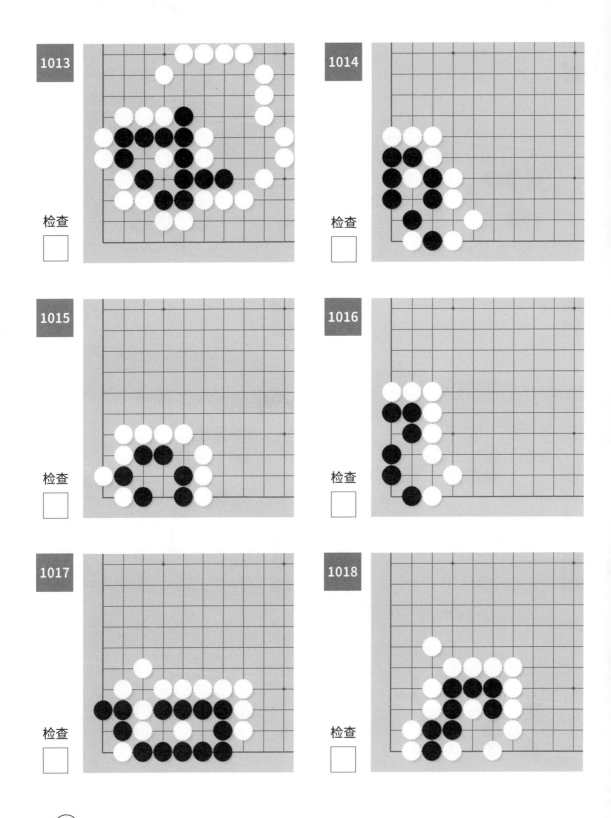

1019

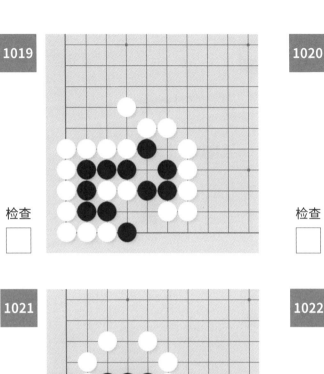

检查

1020

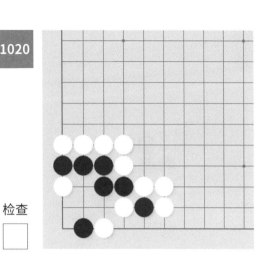

检查

1021

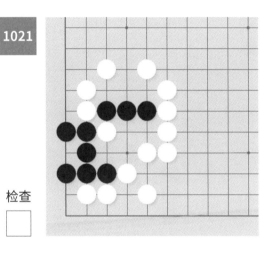

检查

1022

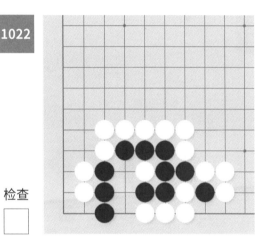

检查

1023

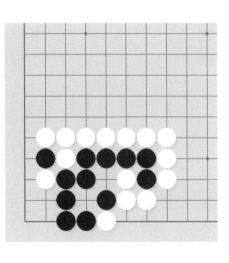

检查

1024

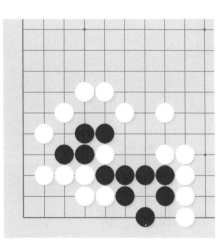

检查

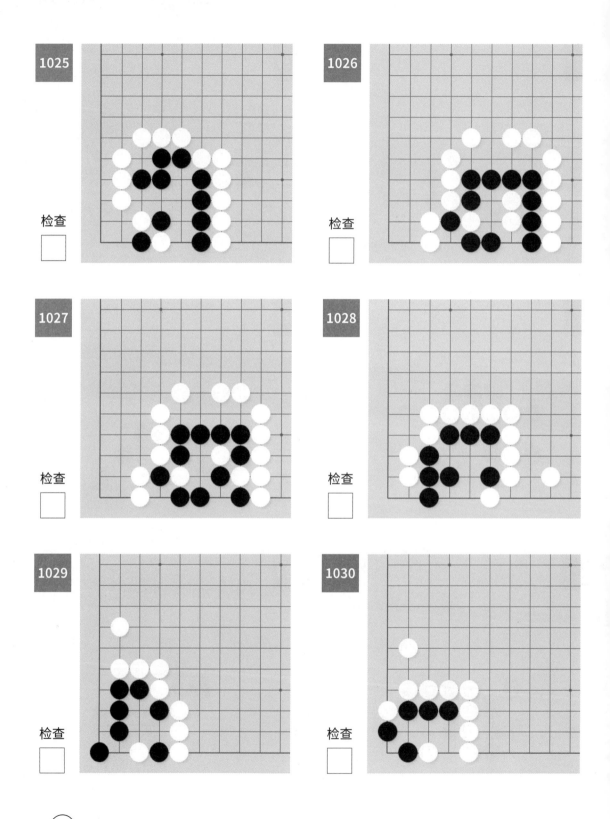

1031

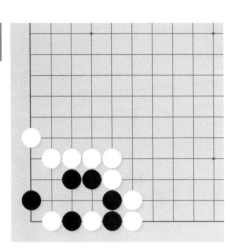

检查 □

1032

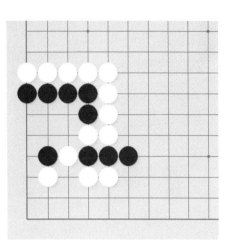

检查 □

1033

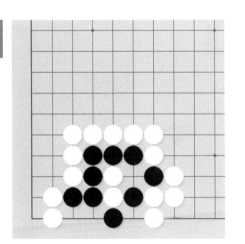

检查 □

1034

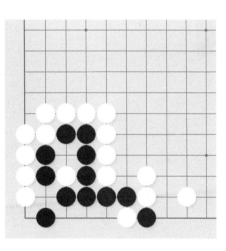

检查 □

1035

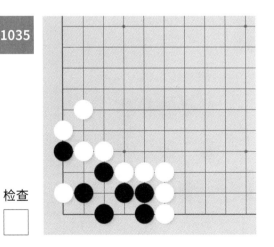

检查 □

1036

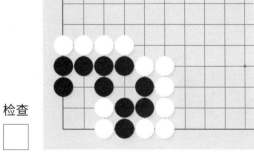

检查 □

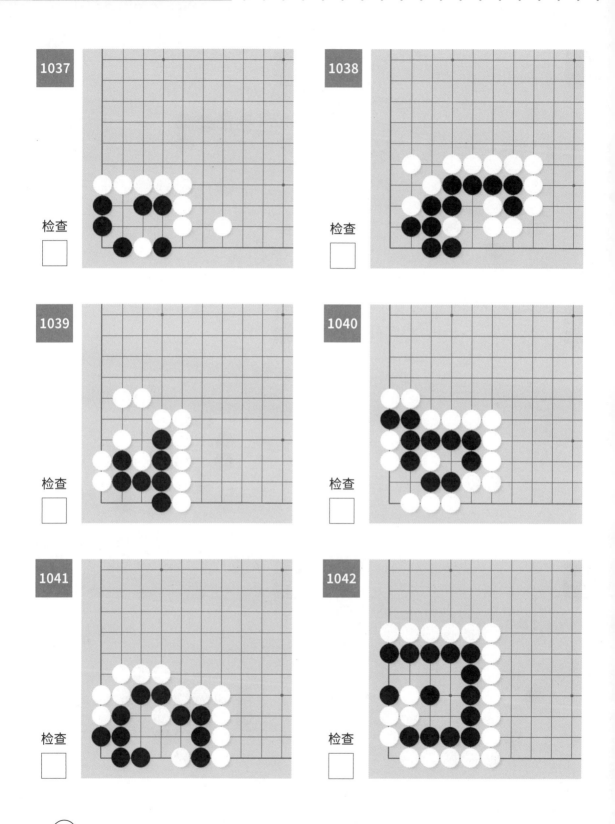

1043

检查

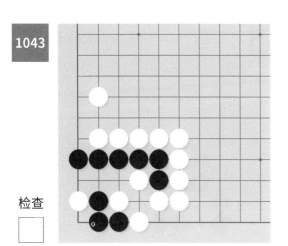

1044

检查

1045

检查

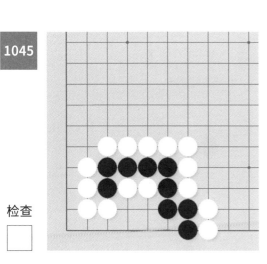

1046

检查

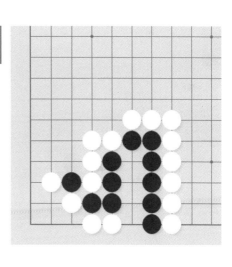

1047

检查

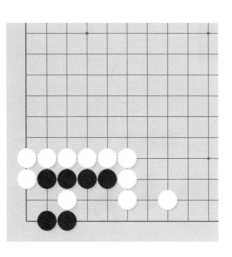

1048

检查

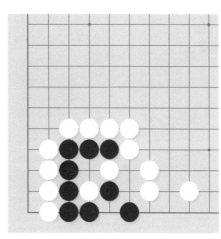

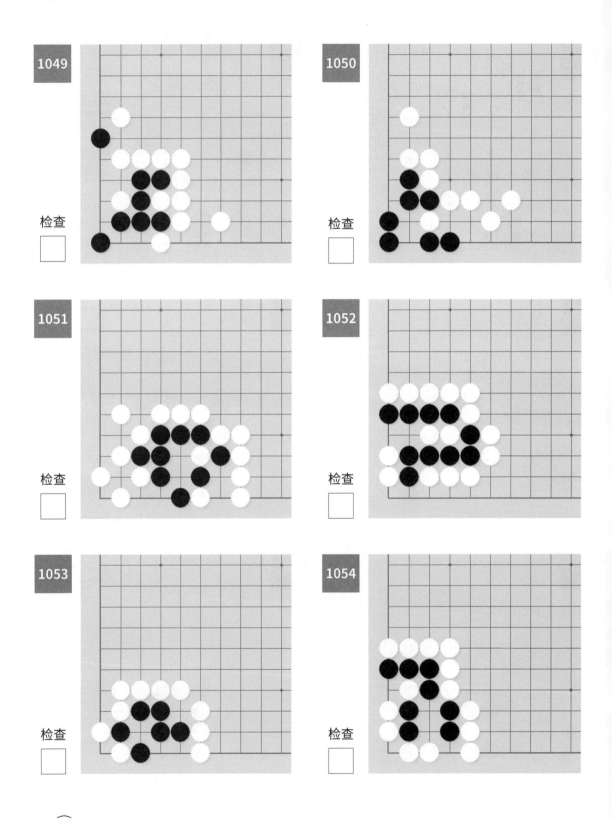

1055

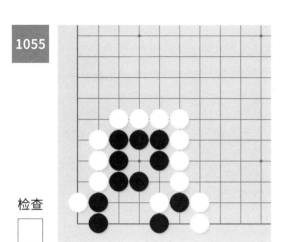

检查

1056

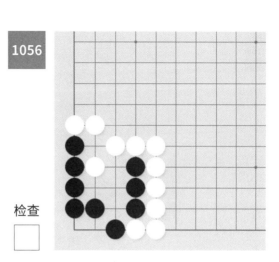

检查

1057

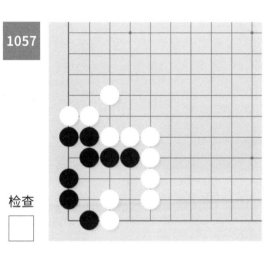

检查

1058

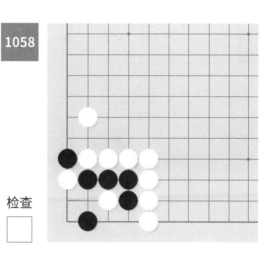

检查

1059

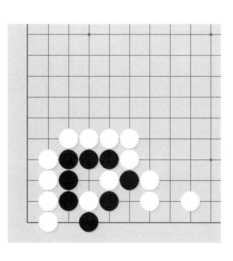

检查

1060

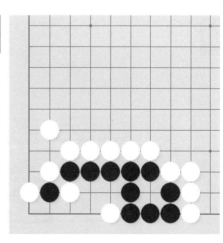

检查

1061

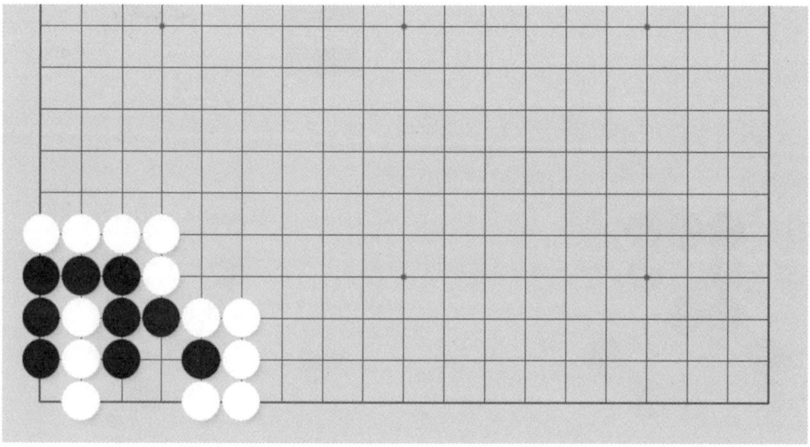

检查

1062

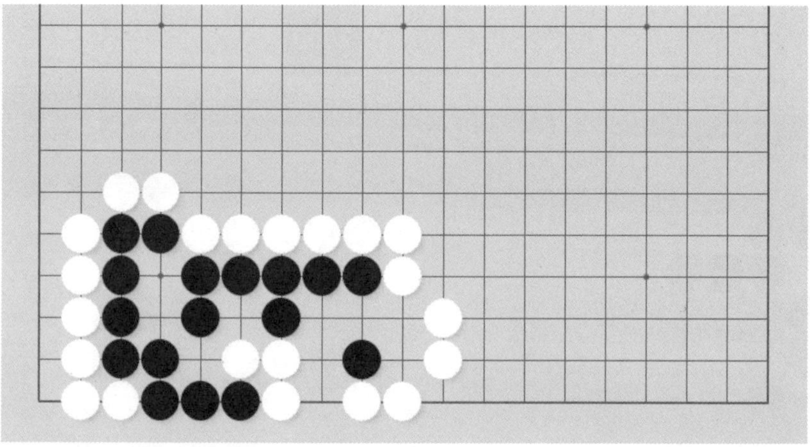

检查

1063

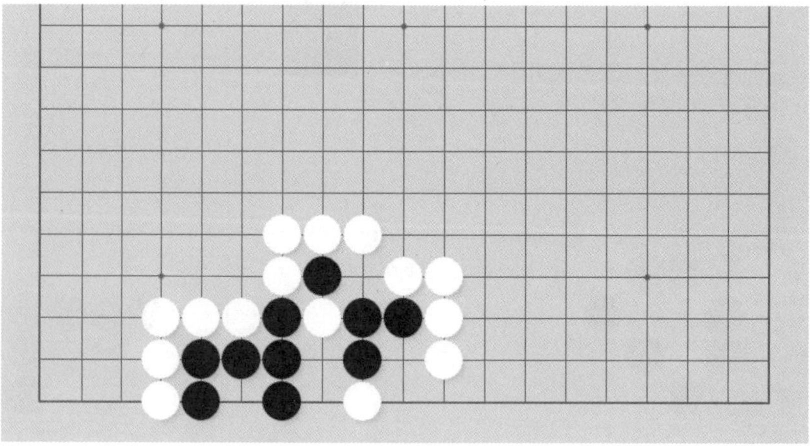

检查

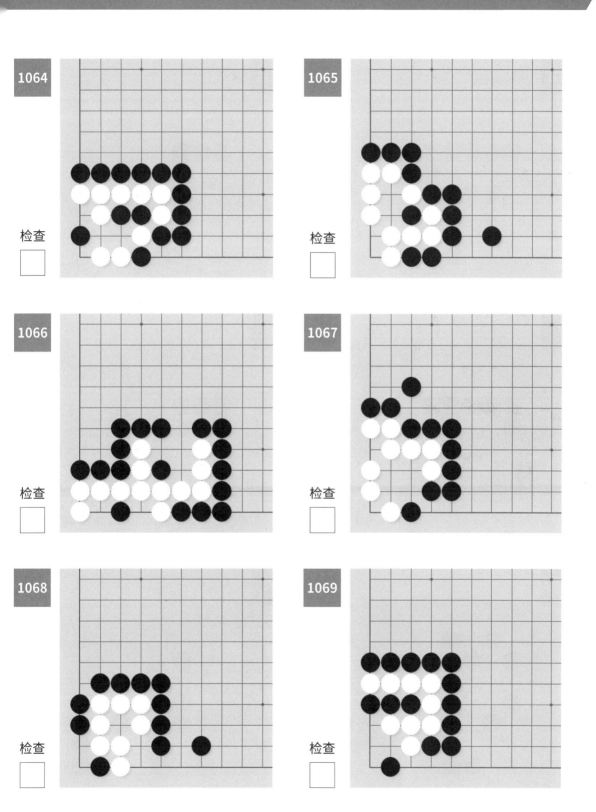

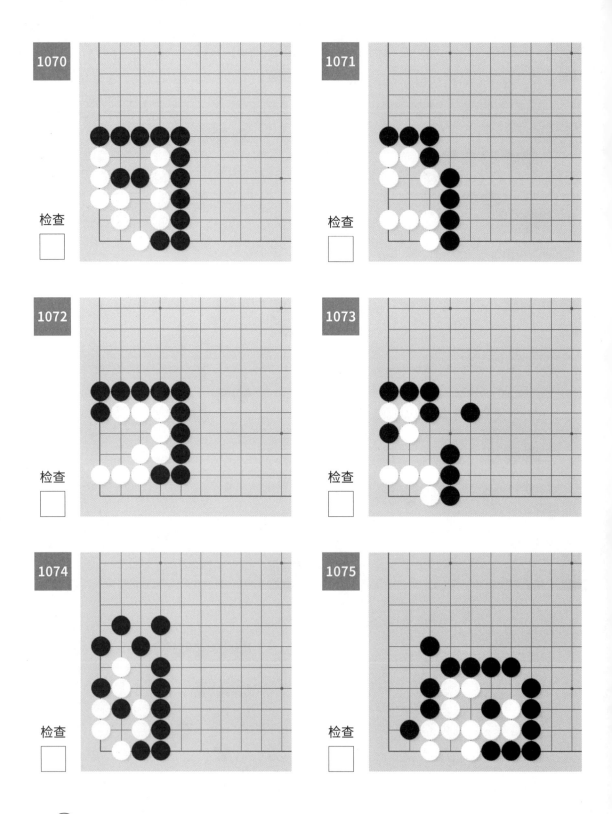

1070 检查 □

1071 检查 □

1072 检查 □

1073 检查 □

1074 检查 □

1075 检查 □

1076

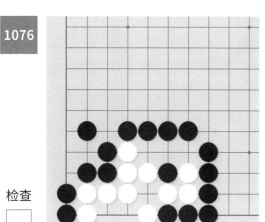

检查 □

1077

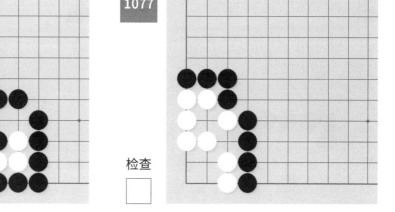

检查 □

1078

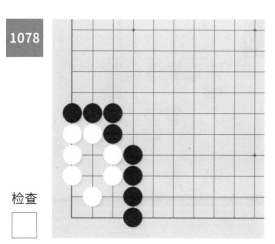

检查 □

1079

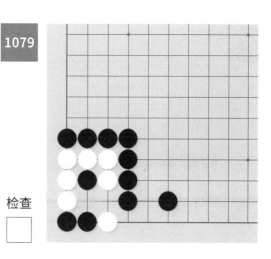

检查 □

1080

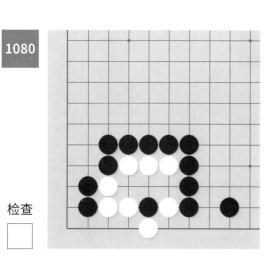

检查 □

1081

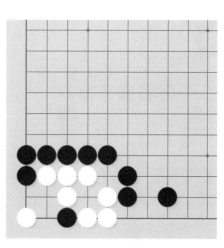

检查 □

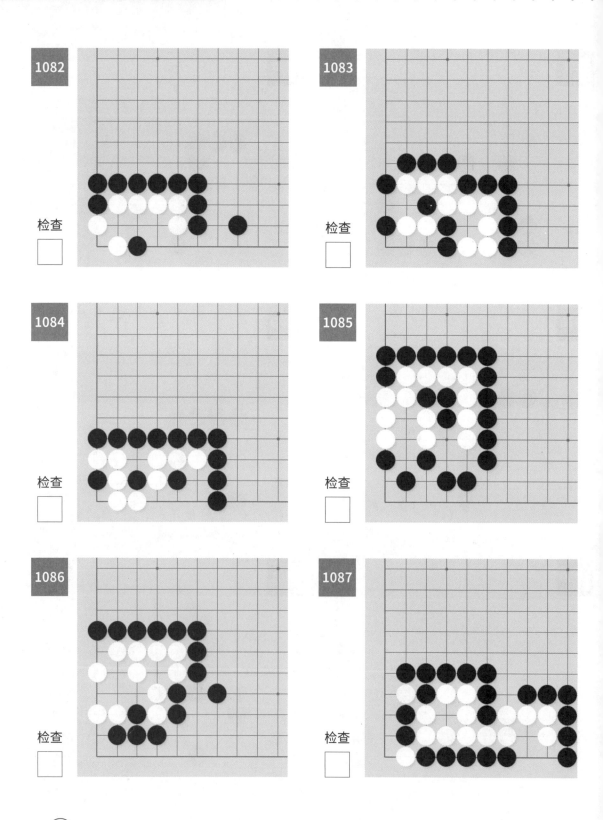

1088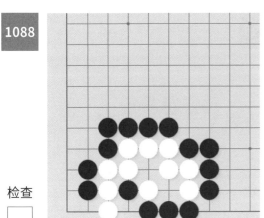

检查

1089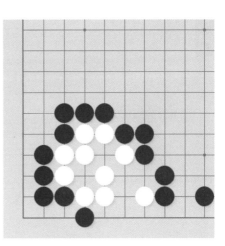

检查

1090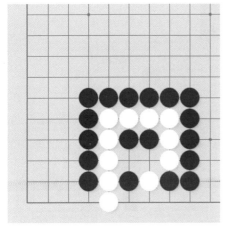

检查

1091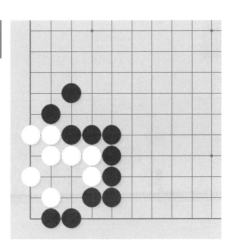

检查

1092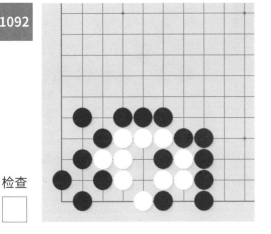

检查

1093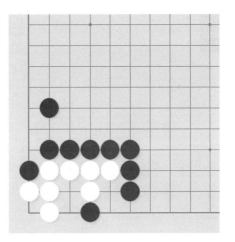

检查

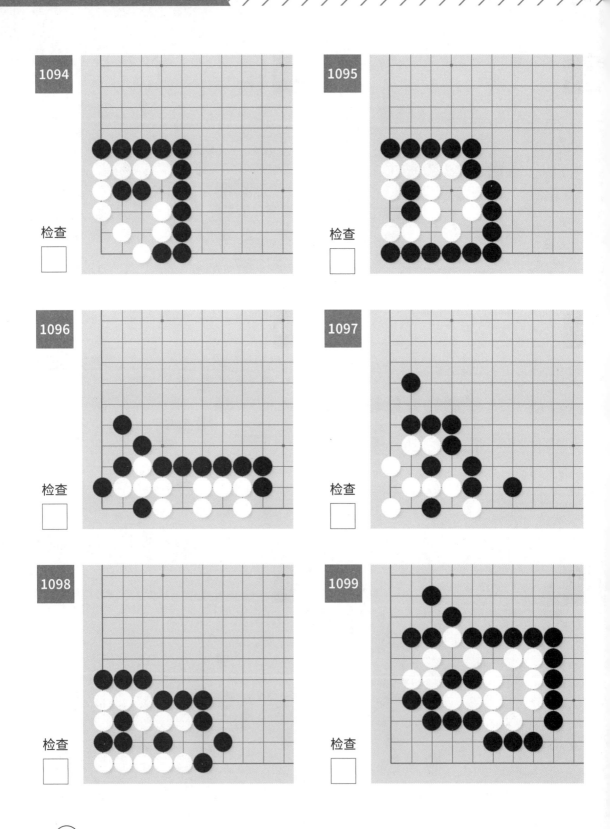

1100
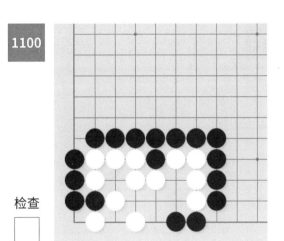
检查

1101
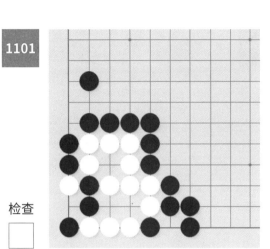
检查

1102
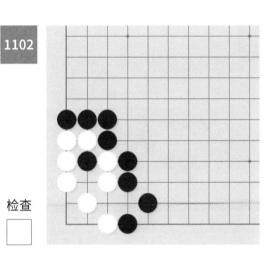
检查

1103
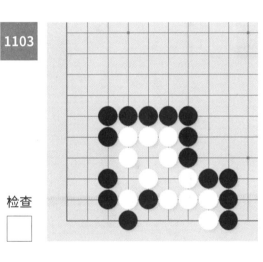
检查

1104
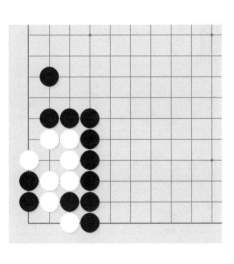
检查

1105
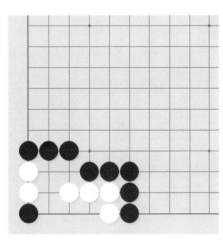
检查

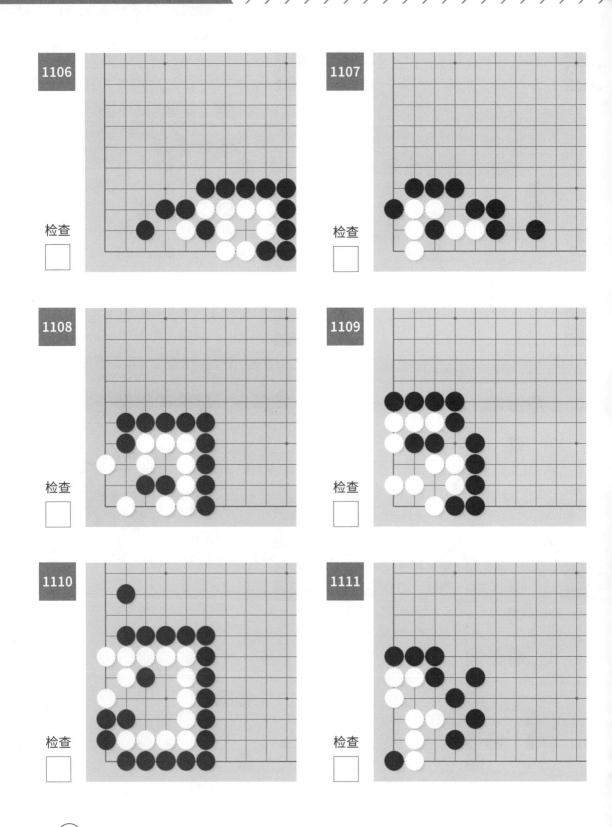

1112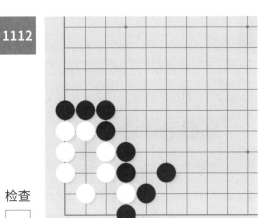

检查

1113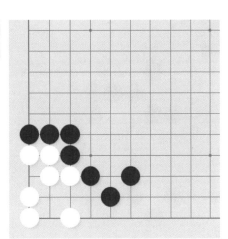

检查

1114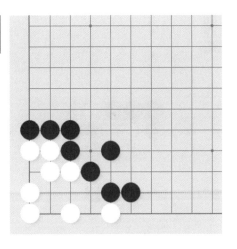

检查

1115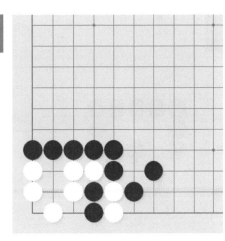

检查

1116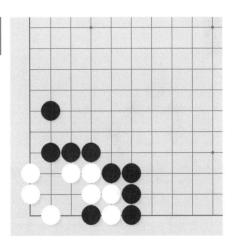

检查

1117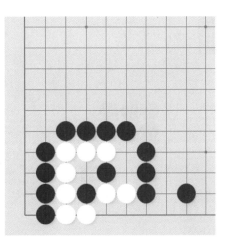

检查

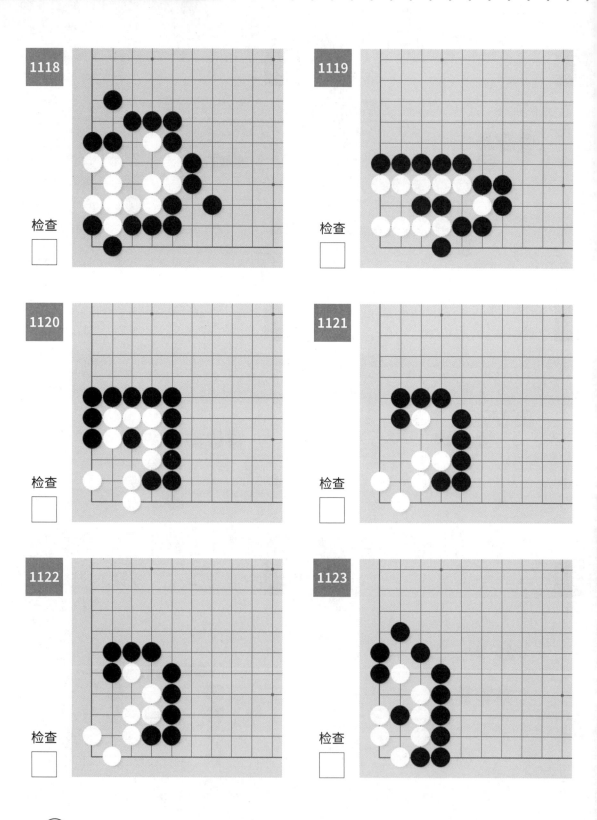

1124

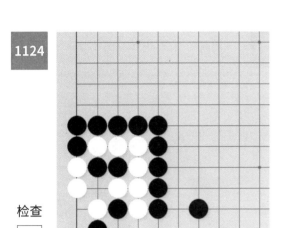

检查

1125

1126

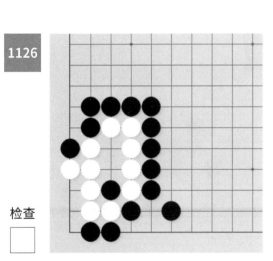

检查

1127

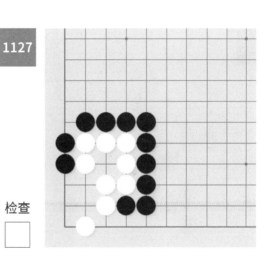

检查

1128

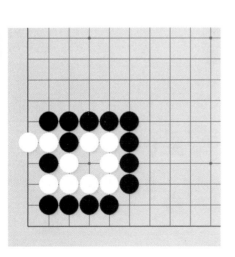

检查

1129

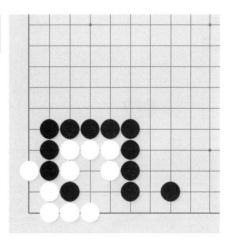

检查

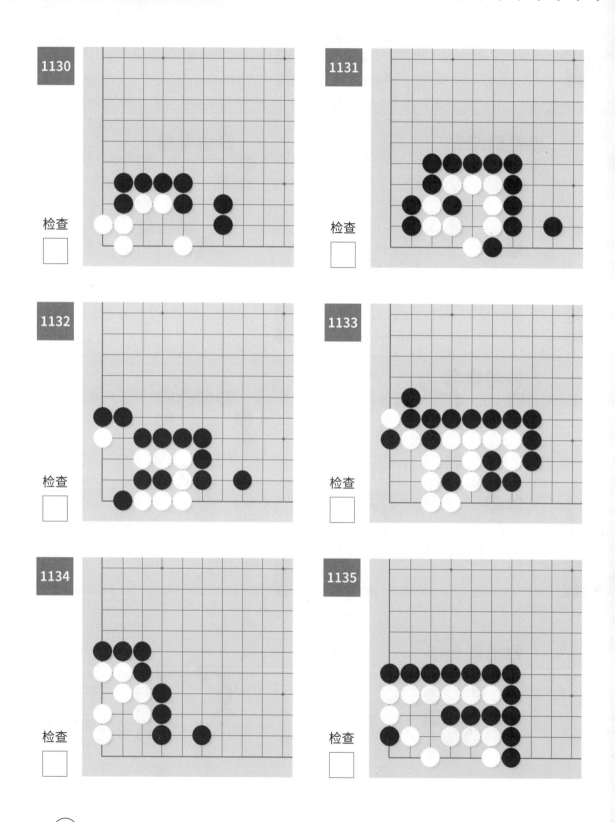

1136

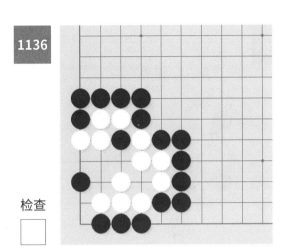

检查

1137

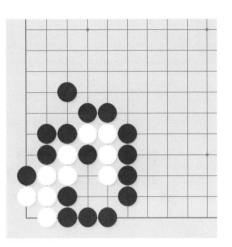

检查

1138

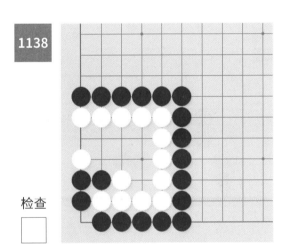

检查

1139

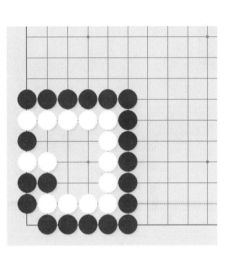

检查

1140

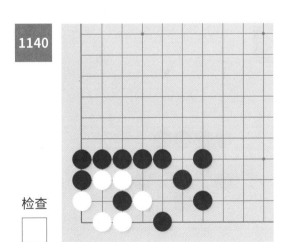

检查

1141

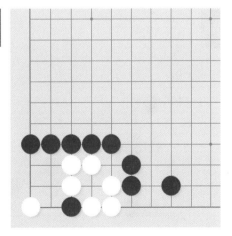

检查

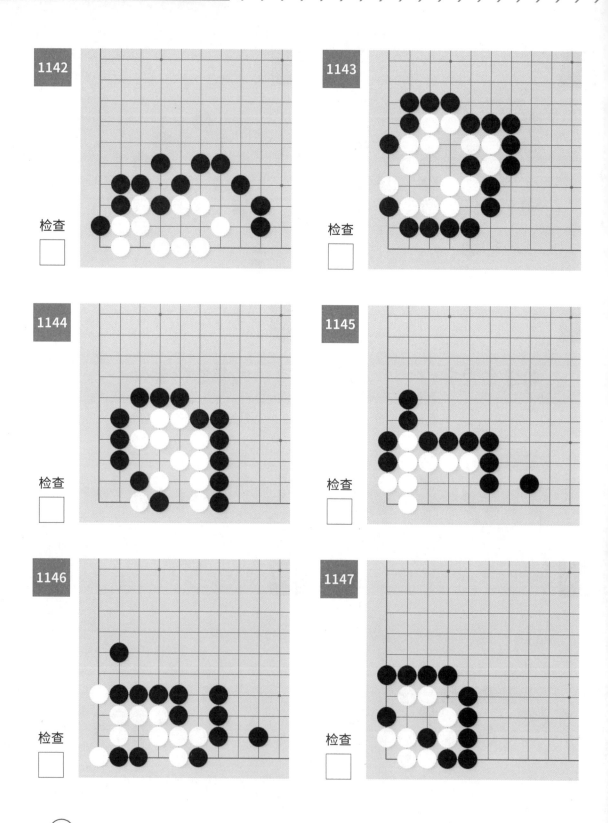

1148

检查

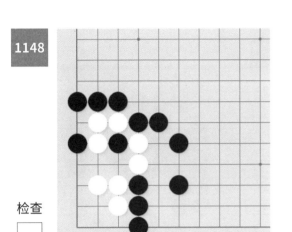

1149

检查

1150

检查

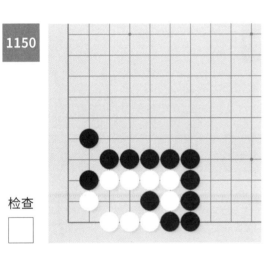

1151

检查

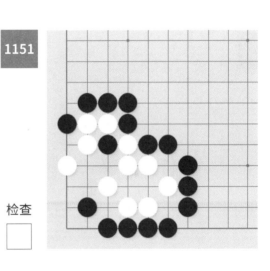

1152

检查

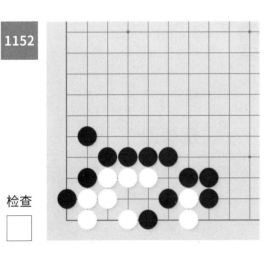

1153

检查

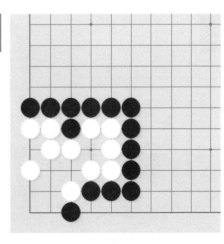

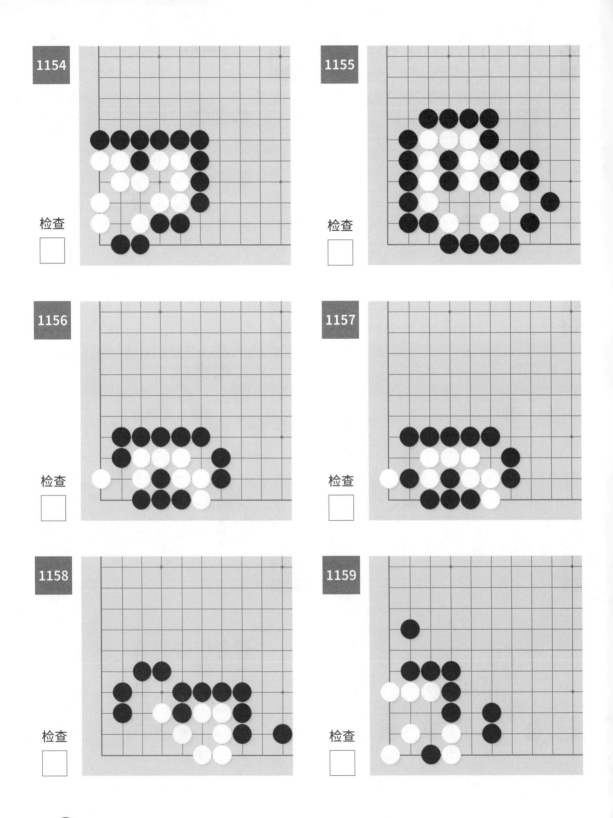

1160

检查

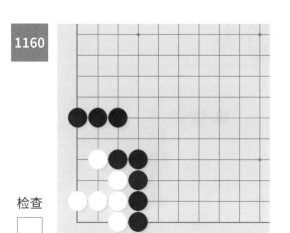

1161

检查

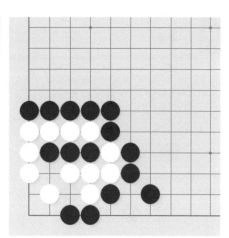

1162

检查

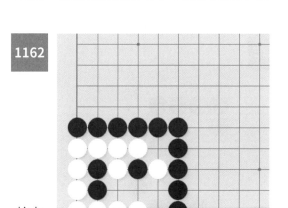

1163

检查

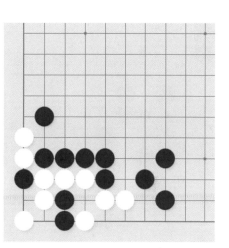

1164

检查

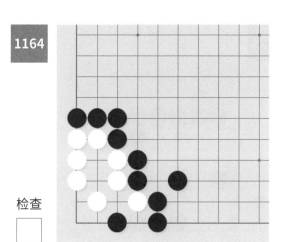

1165

检查

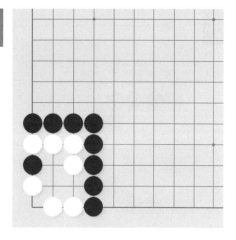

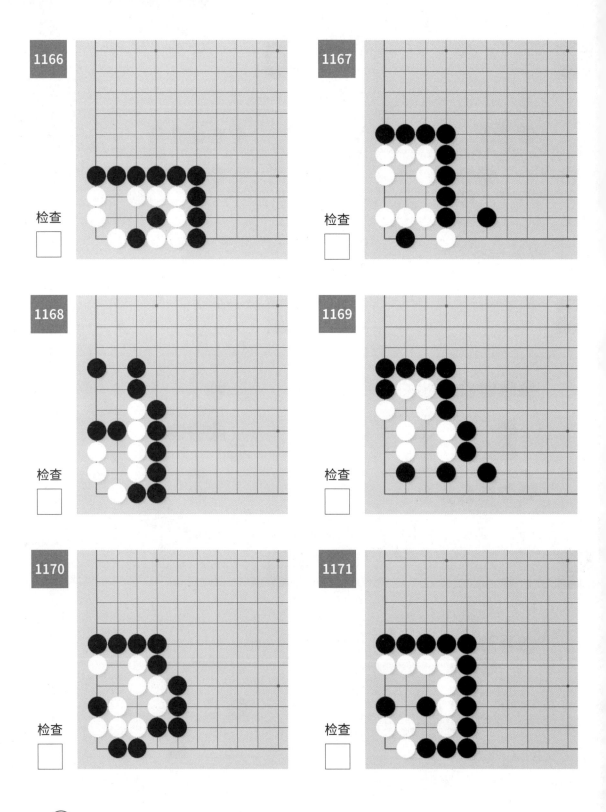

1172

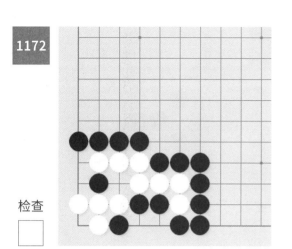

检查

1173

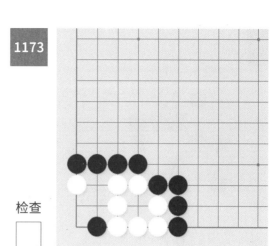

检查

1174

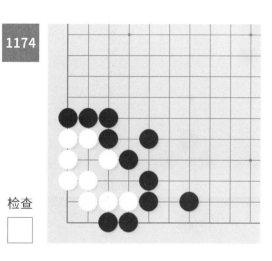

检查

1175

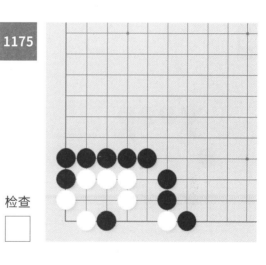

检查

1176

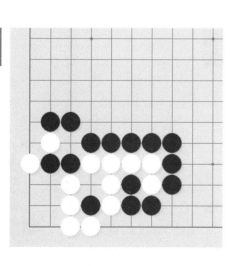

检查

1177

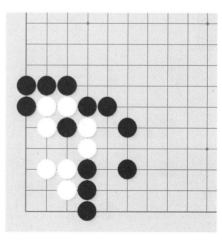

检查

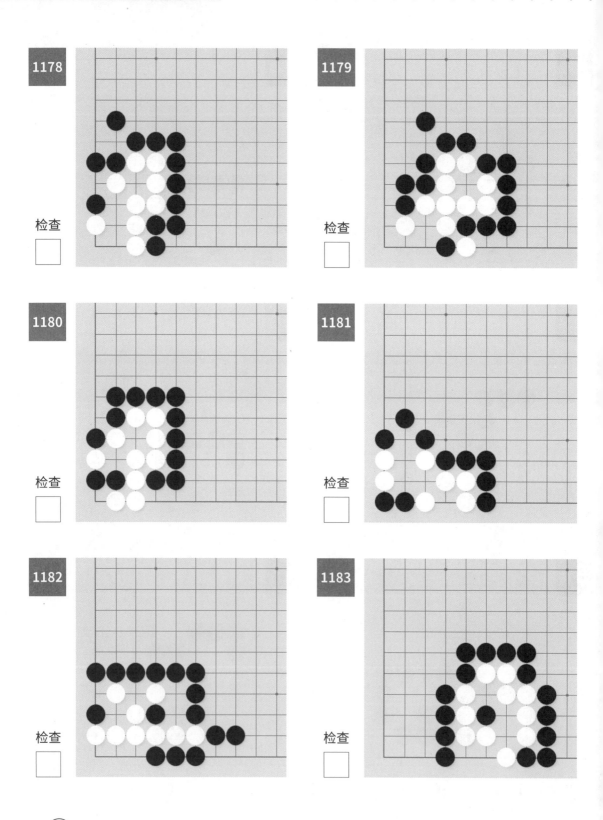

1184

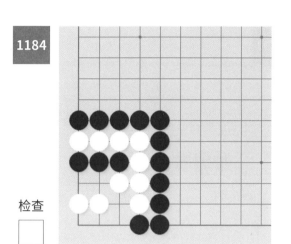

检查

1185

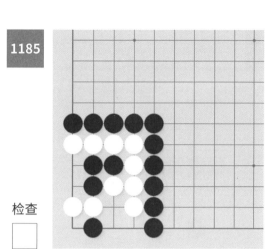

检查

1186

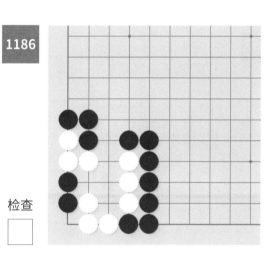

检查

1187

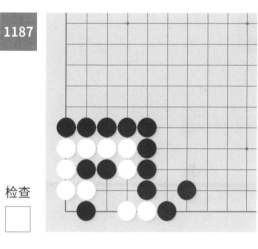

检查

1188

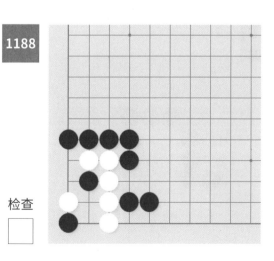

检查

1189

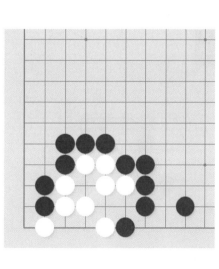

检查

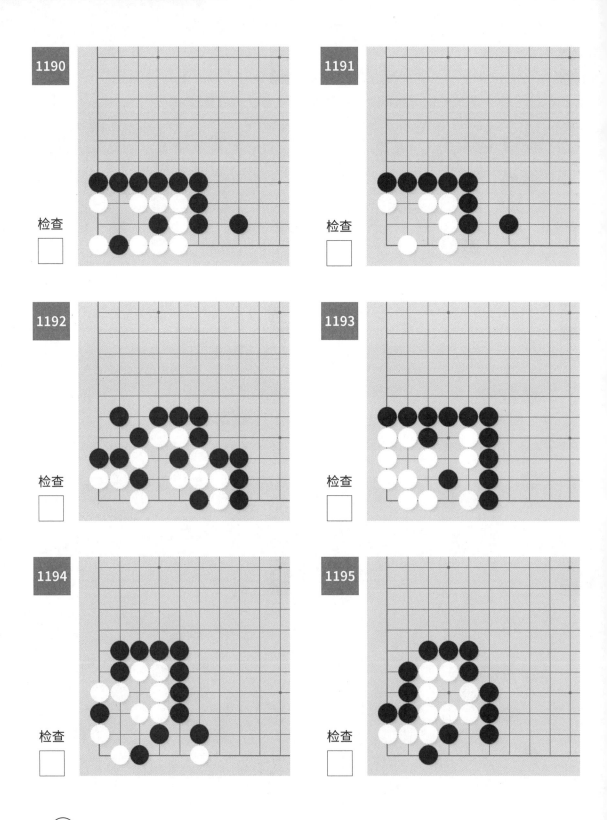

1196
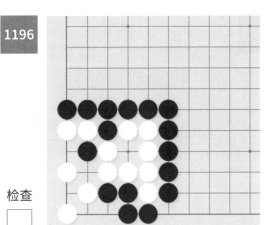
检查 ☐

1197
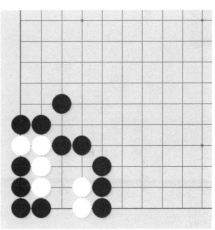
检查 ☐

1198
检查 ☐

1199
检查 ☐

1200
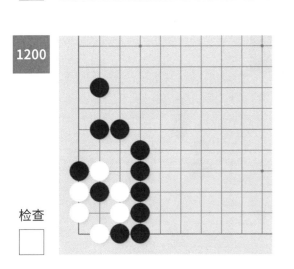
检查 ☐

1201
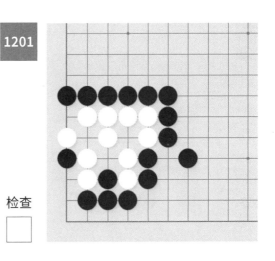
检查 ☐

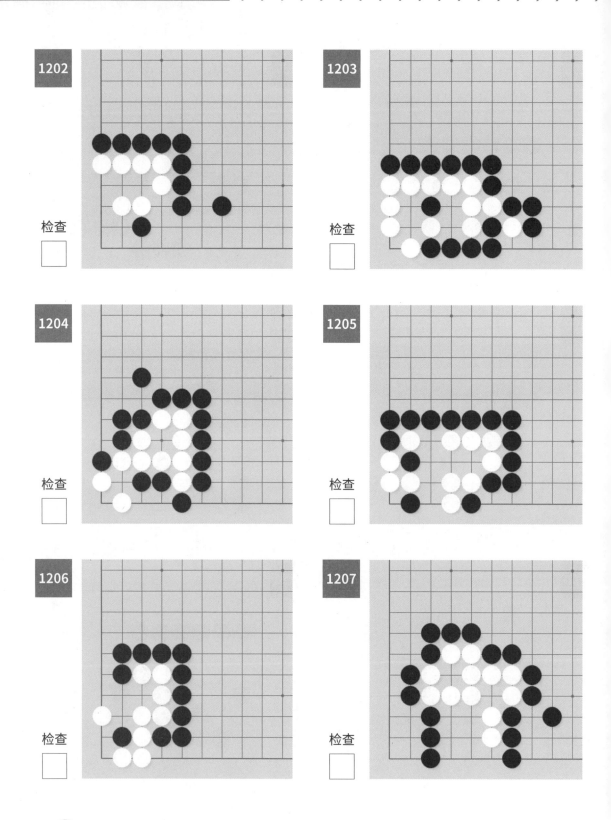

1208

检查

1209

检查

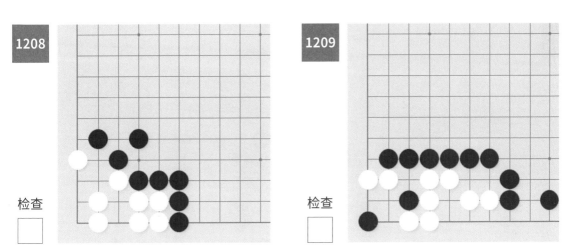

1210

检查

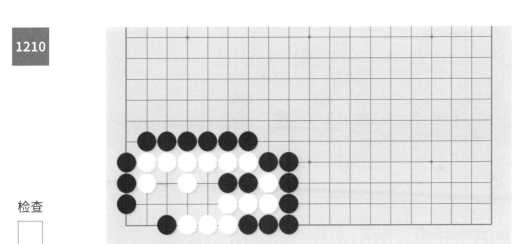

1211

检查

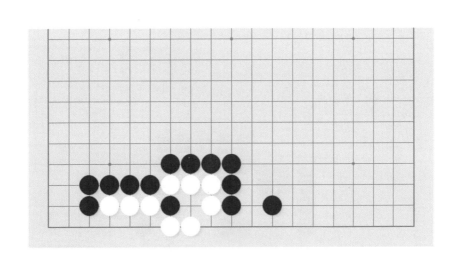

1212

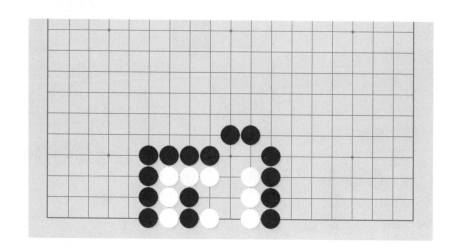

检查

1213

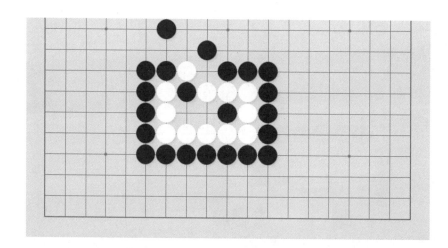

检查

1214

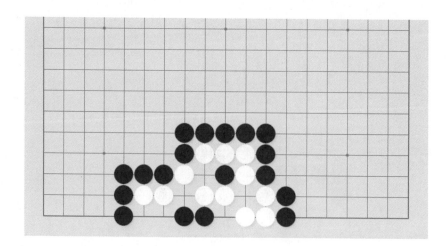

检查

1215

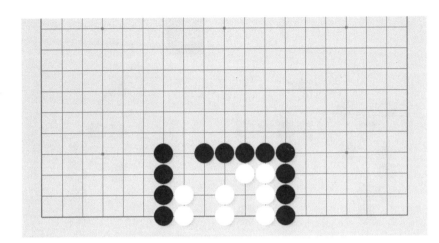

检查

1216

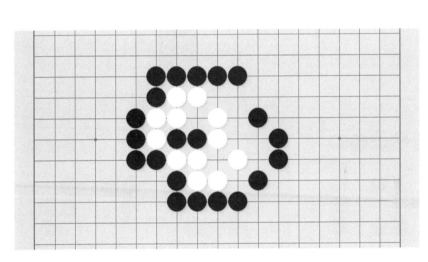

检查

诘棋创作之处

　　很多人都好奇我平时最常在哪里创作诘棋，答案是在电视机前面。我很喜欢看连续剧，这种剧通常不用像电影一样需要每分每秒地专注，避免漏掉任何一个细节。因此，我习惯一边看剧，一边在棋盘上摆棋形创题，要是成功了就记录在一旁的电脑里。

——陈禧

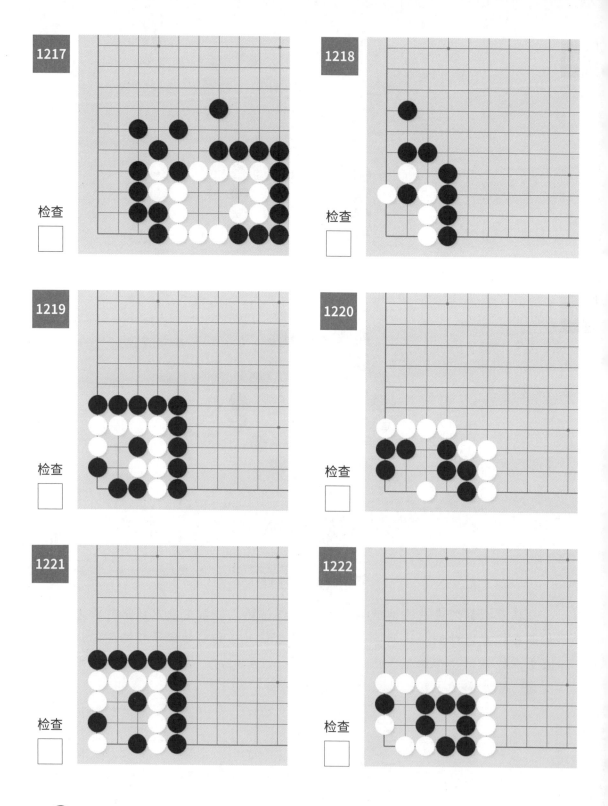

1223

检查

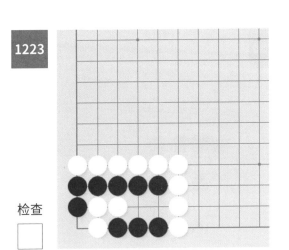

1224

检查

1225

检查

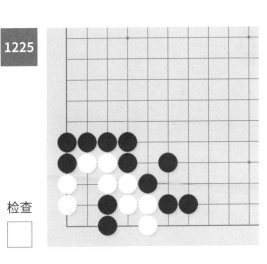

1226

检查

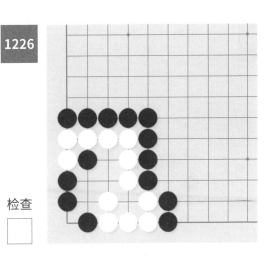

1227

检查

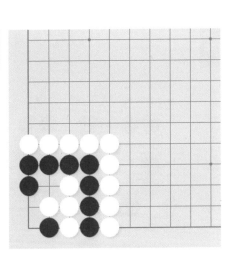

1228

检查

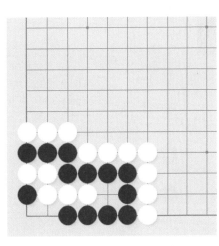

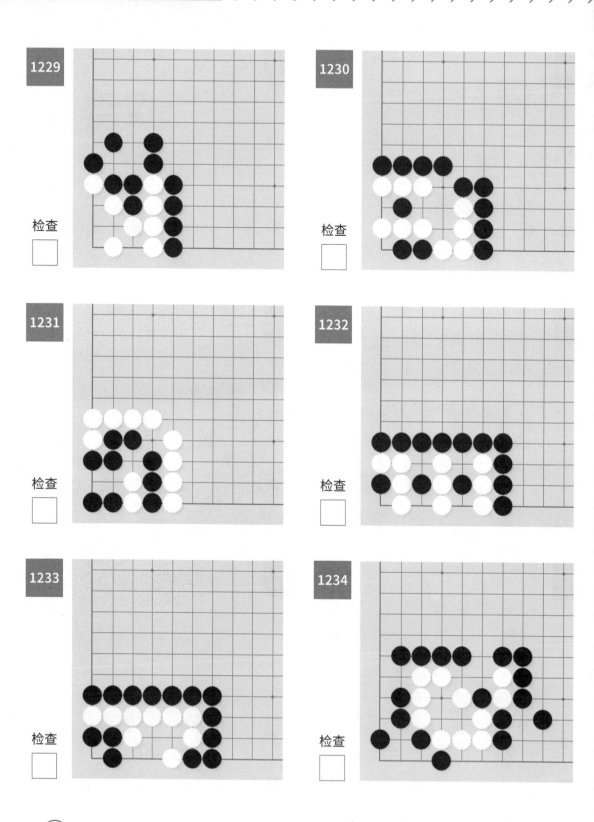

1235

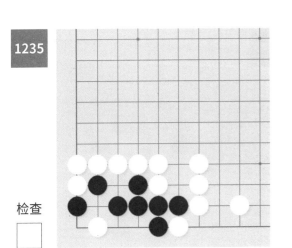

检查

1236

1237

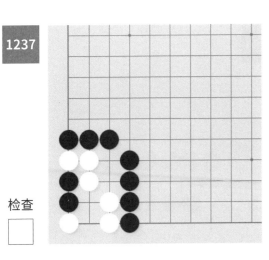

检查

1238

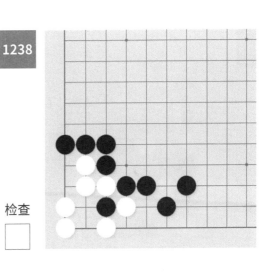

检查

1239

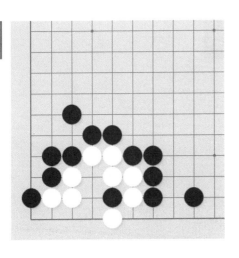

检查

1240

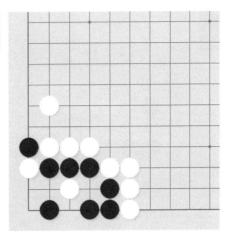

检查

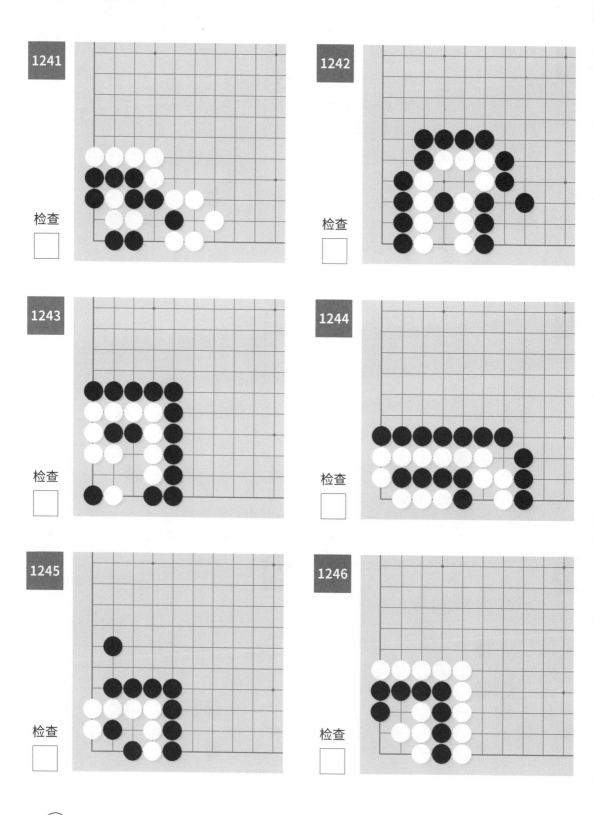

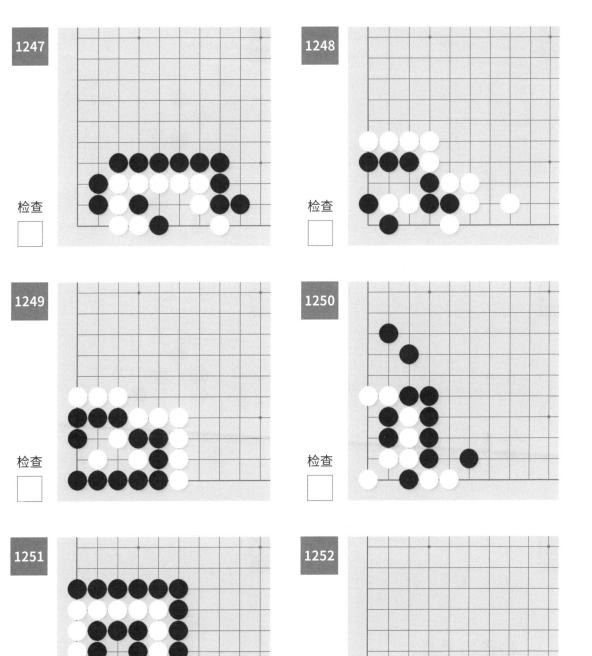

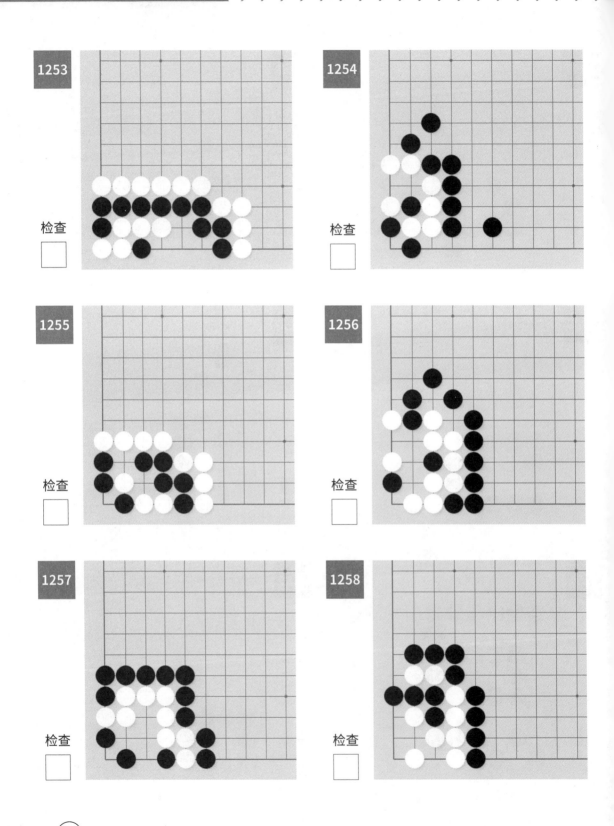

1259

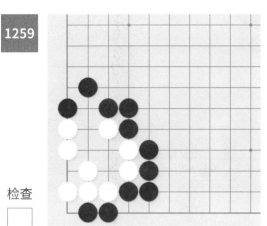

检查

1260

1261

检查

1262

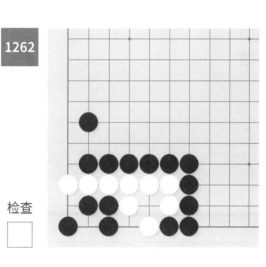

检查

1263

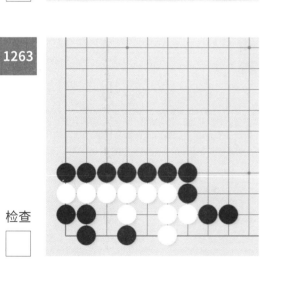

检查

1264

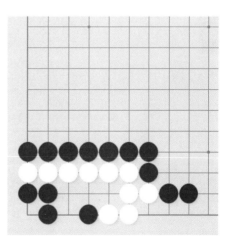

检查

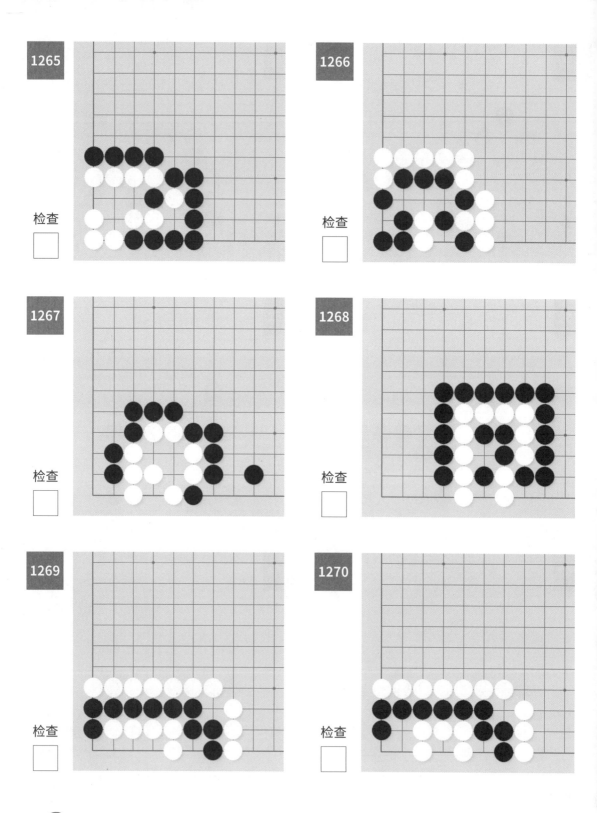

1271
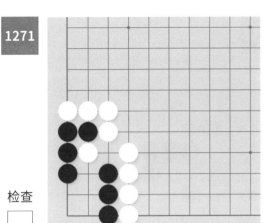

检查

1272
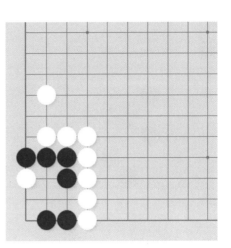

检查

1273
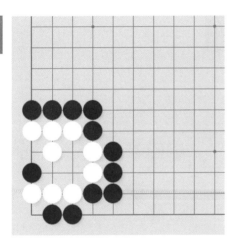

检查

1274
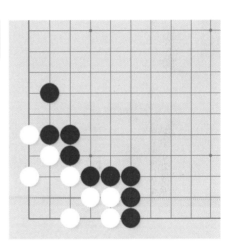

检查

1275
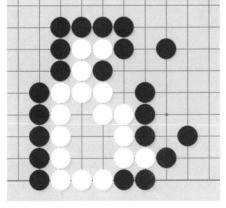

检查

1276
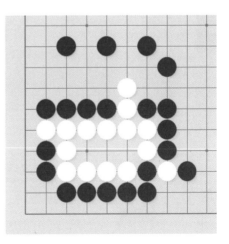

检查

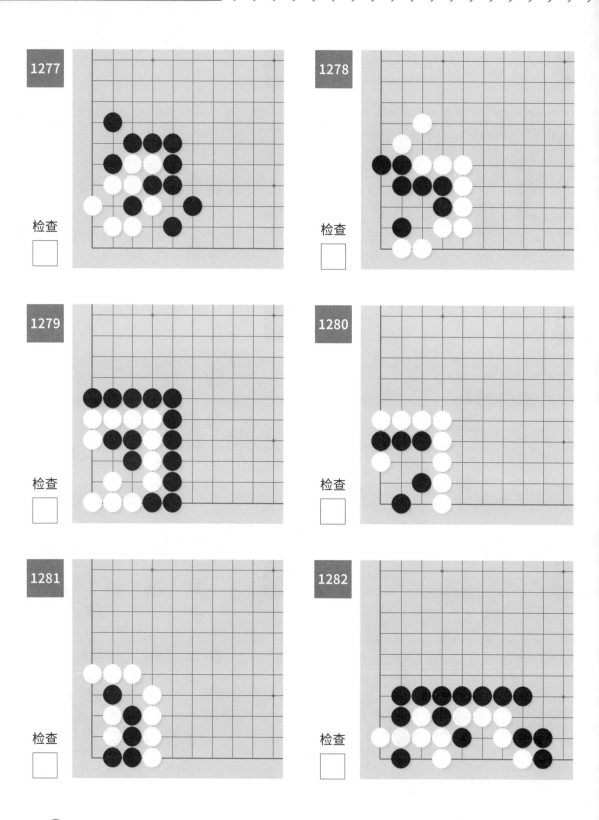

1277

检查

1278

检查

1279

检查

1280

检查

1281

检查

1282

检查

1283

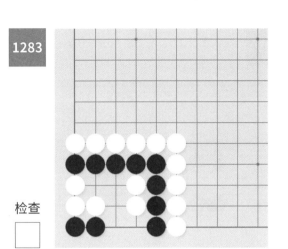

检查

1284

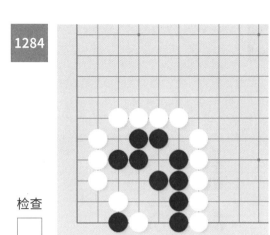

检查

1285

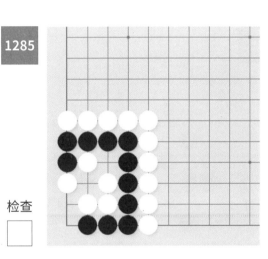

检查

1286

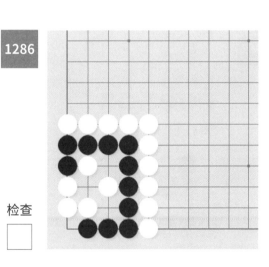

检查

1287

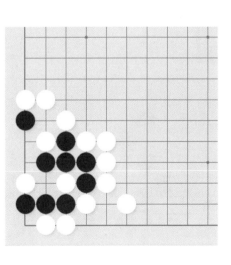

检查

1288

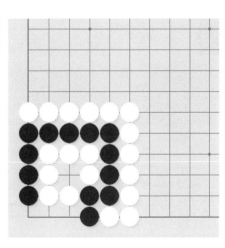

检查

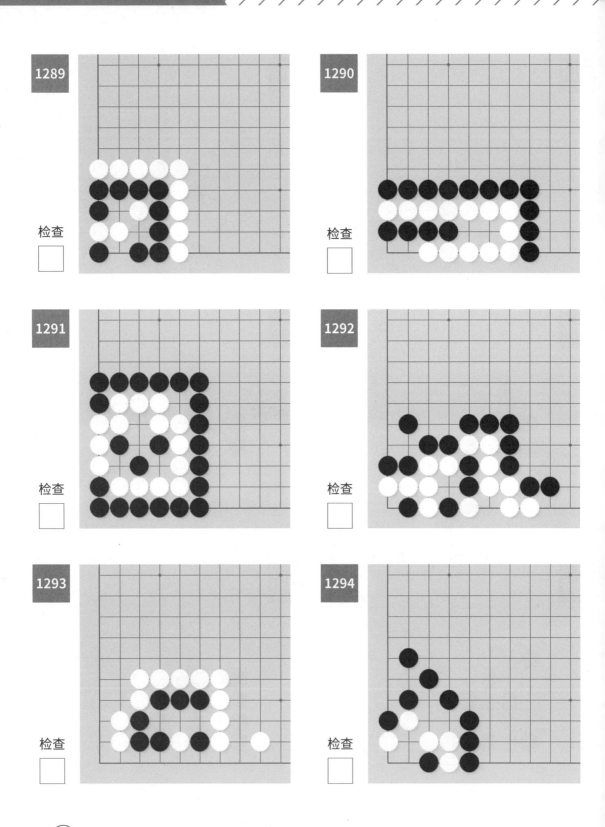

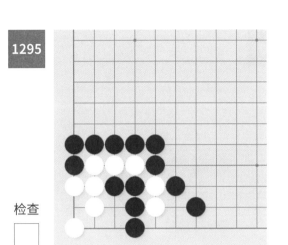

1295

检查

1296
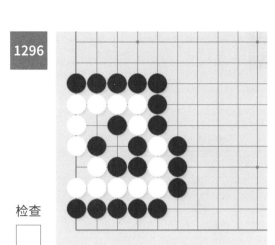
检查

1297
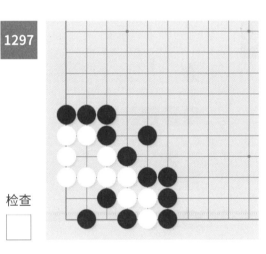
检查

1298
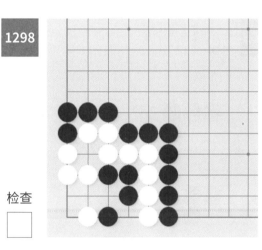
检查

1299
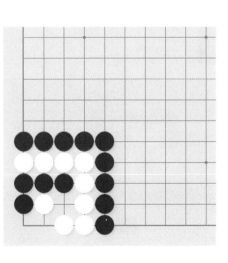
检查

1300
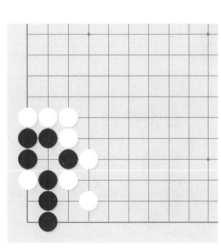
检查

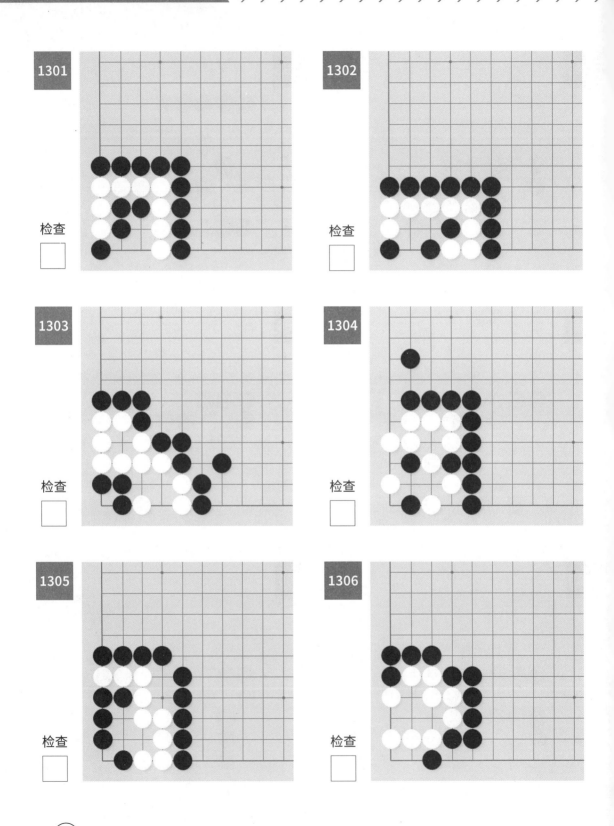

1307

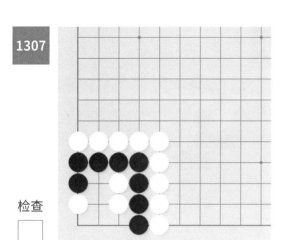

检查

1308

检查

1309

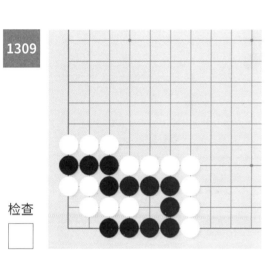

检查

1310

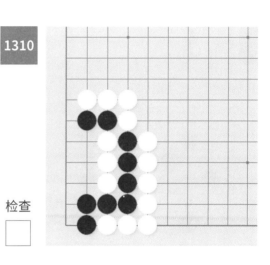

检查

1311

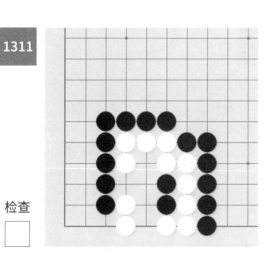

检查

1312

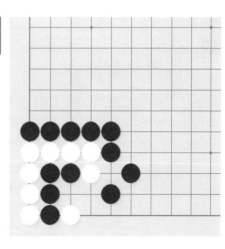

检查

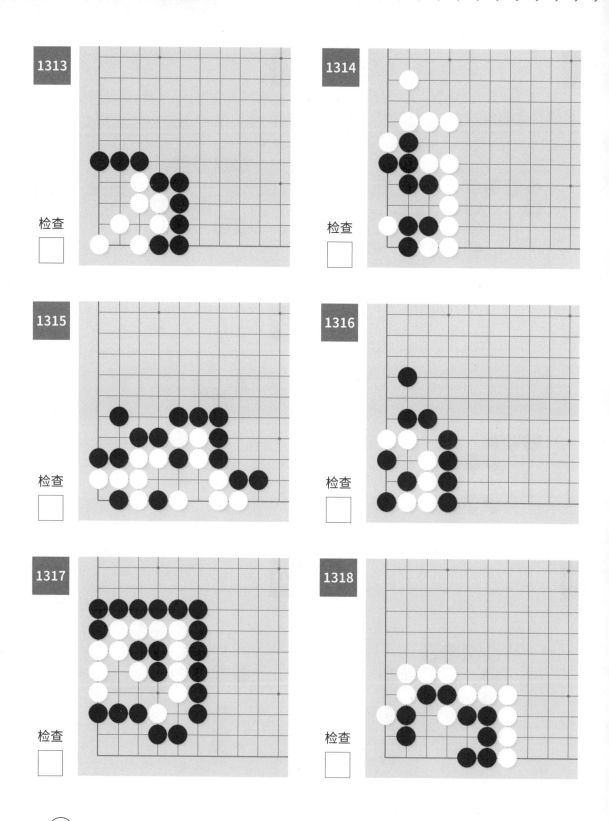

1319

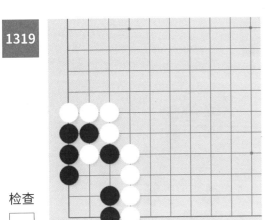

检查

1320

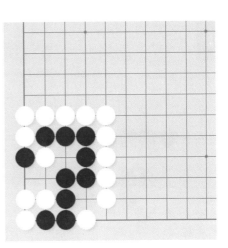

检查

1321

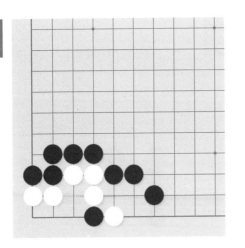

检查

1322

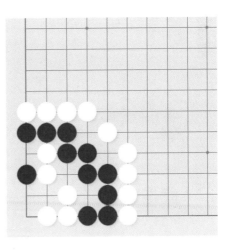

检查

1323

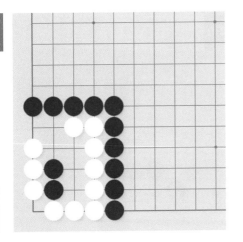

检查

1324

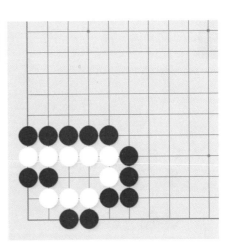

检查

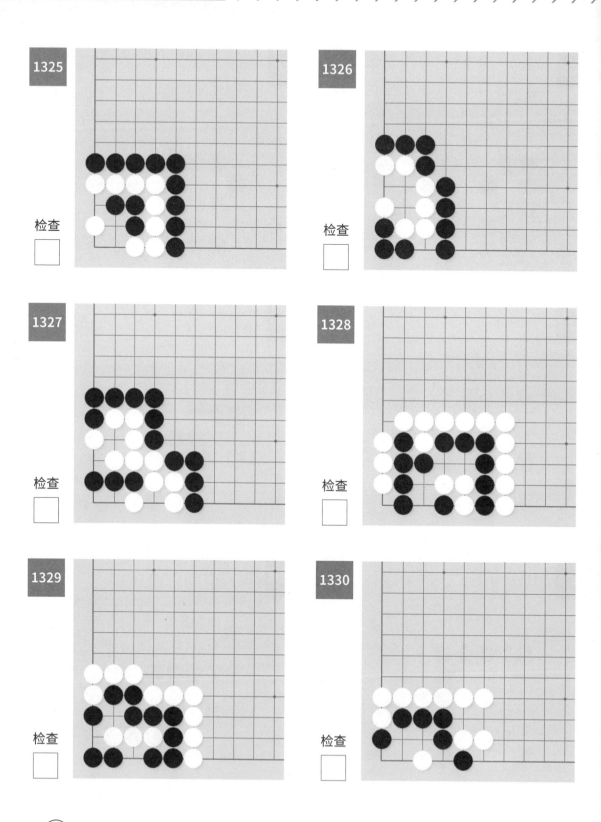

1331

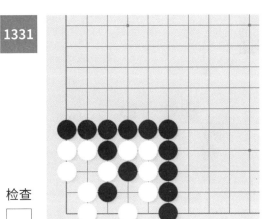

检查

1332

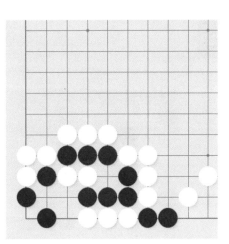

检查

1333

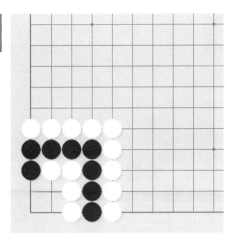

检查

1334

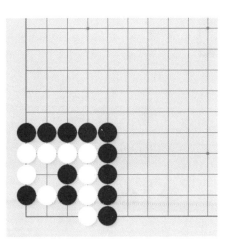

检查

1335

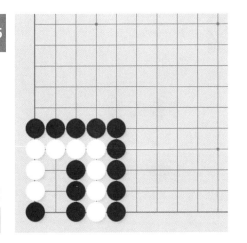

检查

1336

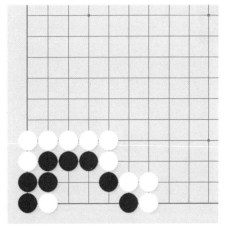

检查

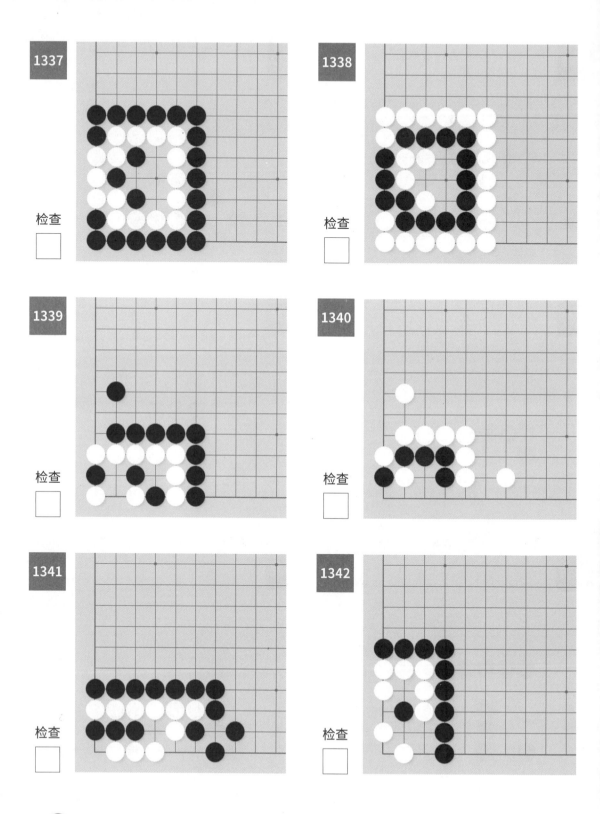

1343

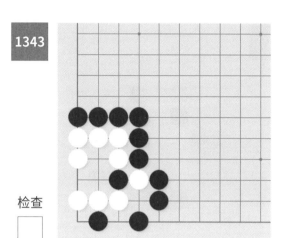

检查

1344

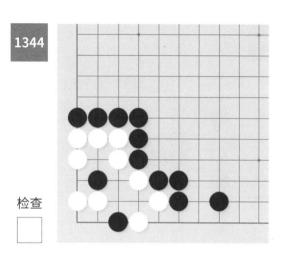

检查

1345

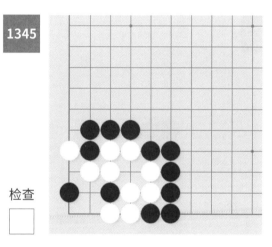

检查

1346

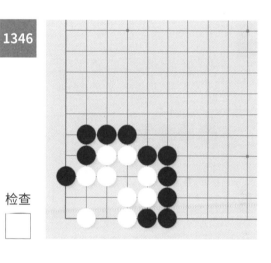

检查

1347

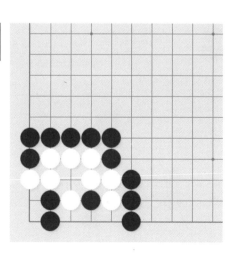

检查

1348

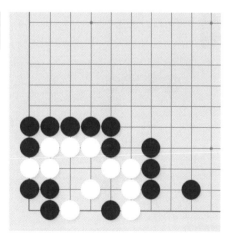

检查

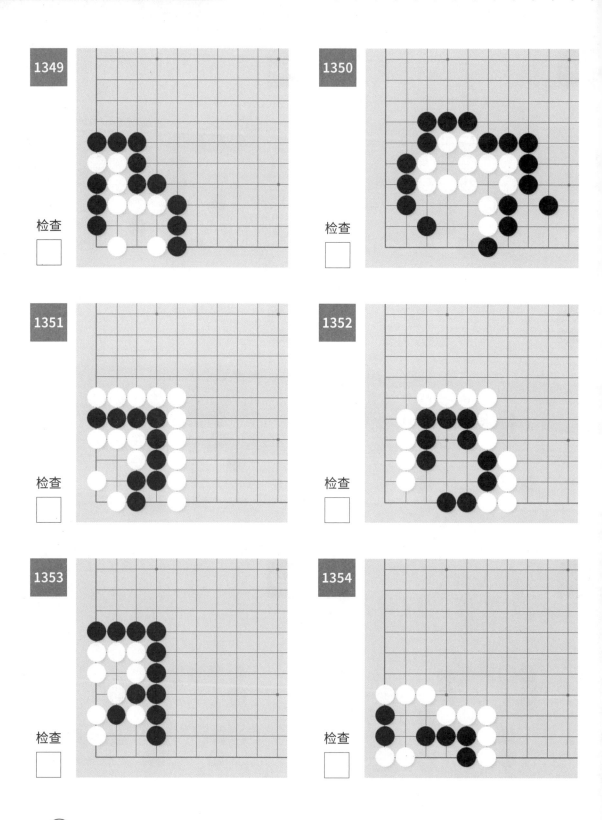

1349　检查 □

1350　检查 □

1351　检查 □

1352　检查 □

1353　检查 □

1354　检查 □

1355

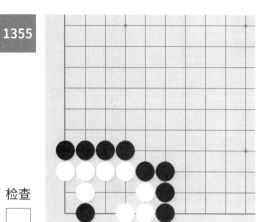

检查

1356

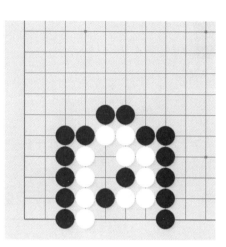

检查

1357

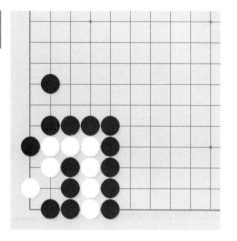

检查

1358

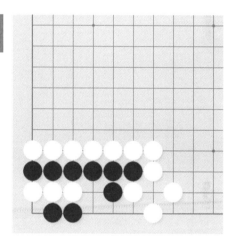

检查

1359

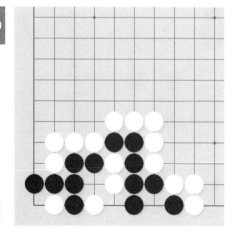

检查

1360

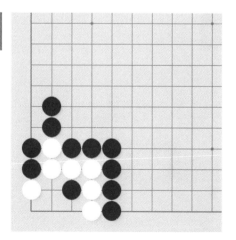

检查

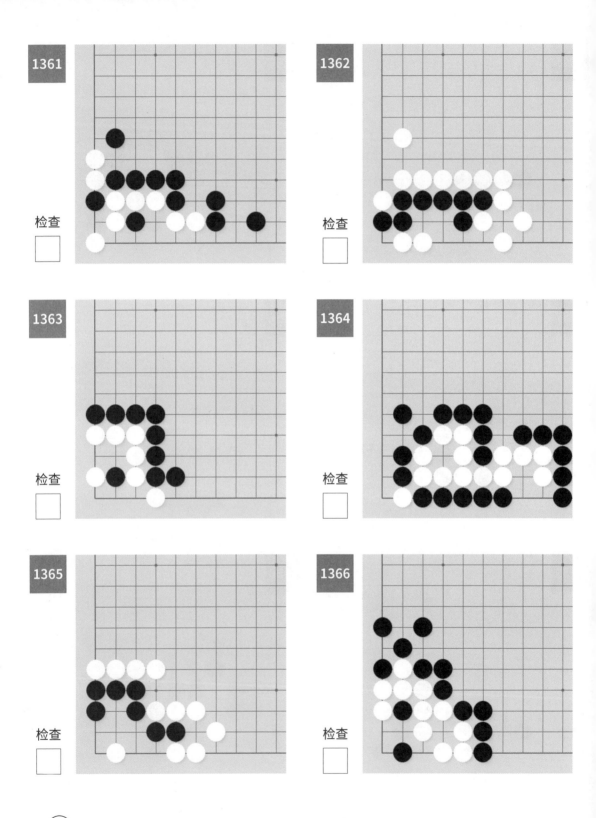

1367

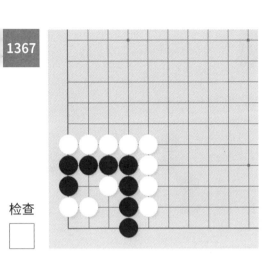

检查

1368

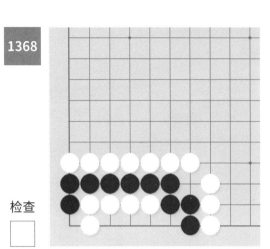

检查

1369

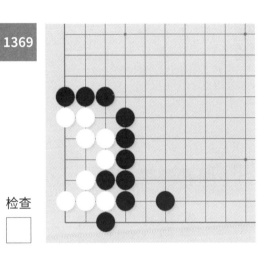

检查

1370

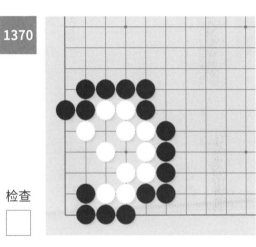

检查

1371

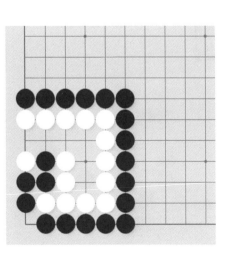

检查

1372

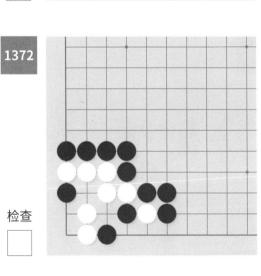

检查

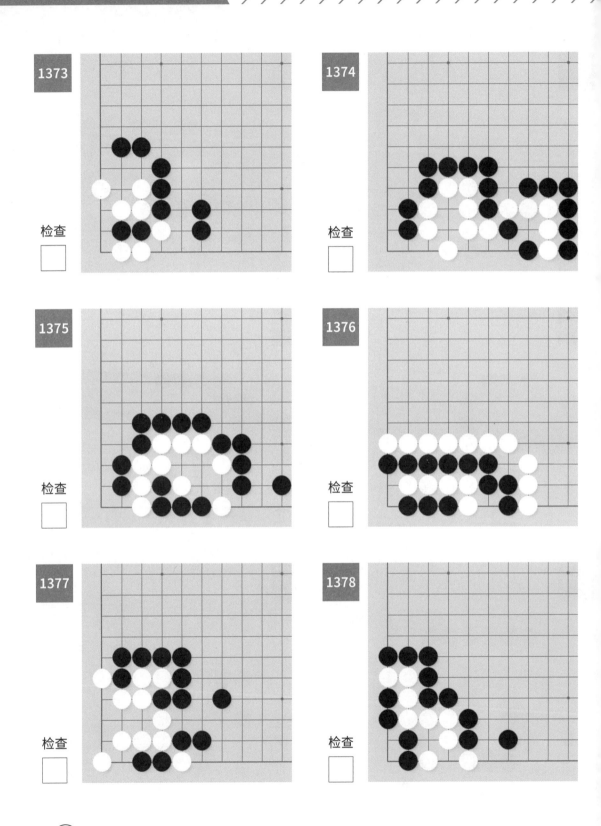

1379

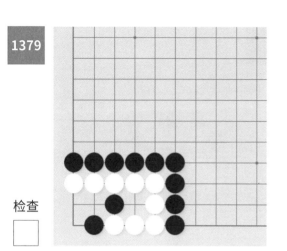

1380

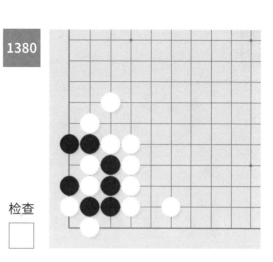

检查

1381

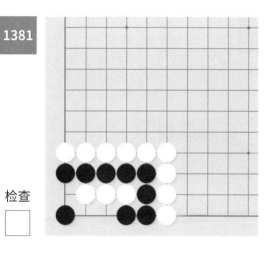

检查

1382

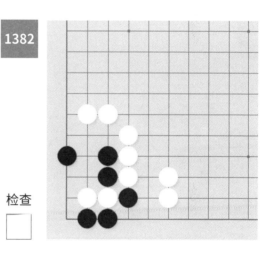

检查

1383

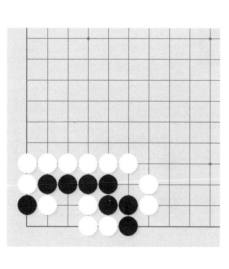

检查

1384

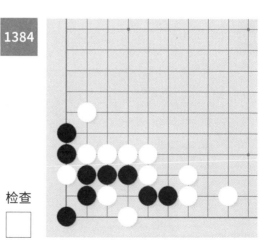

检查

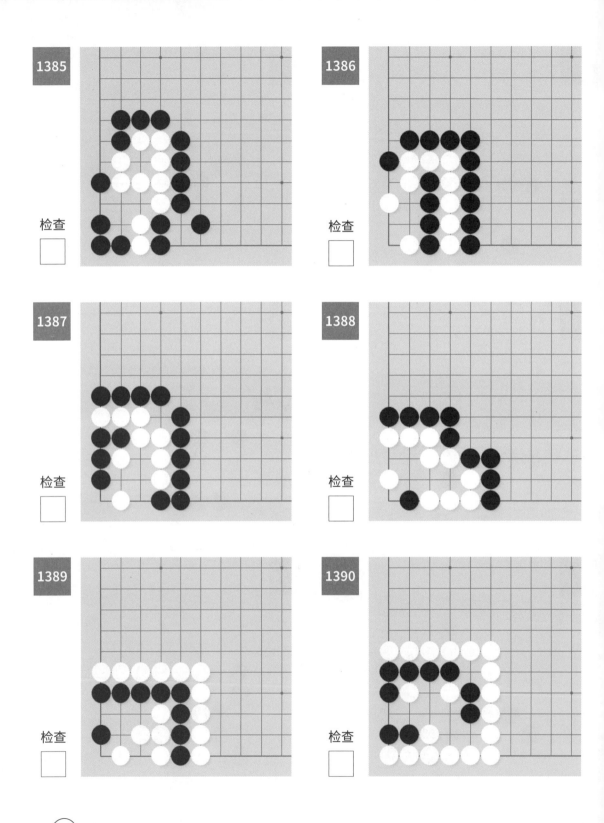

学习日期 ___月___日

1391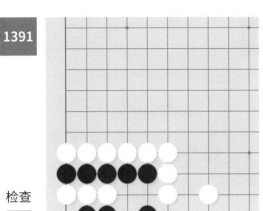

检查

1392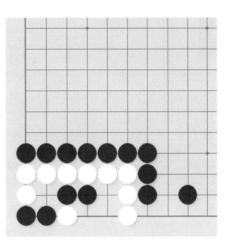

检查

1393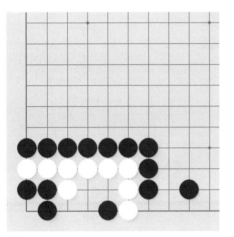

检查

1394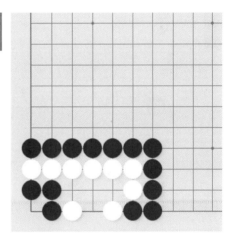

检查

1395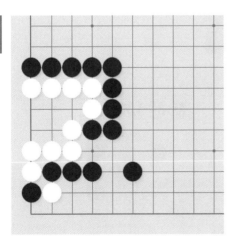

检查

1396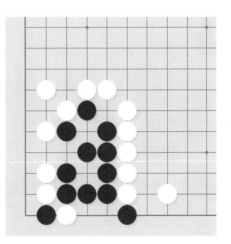

检查

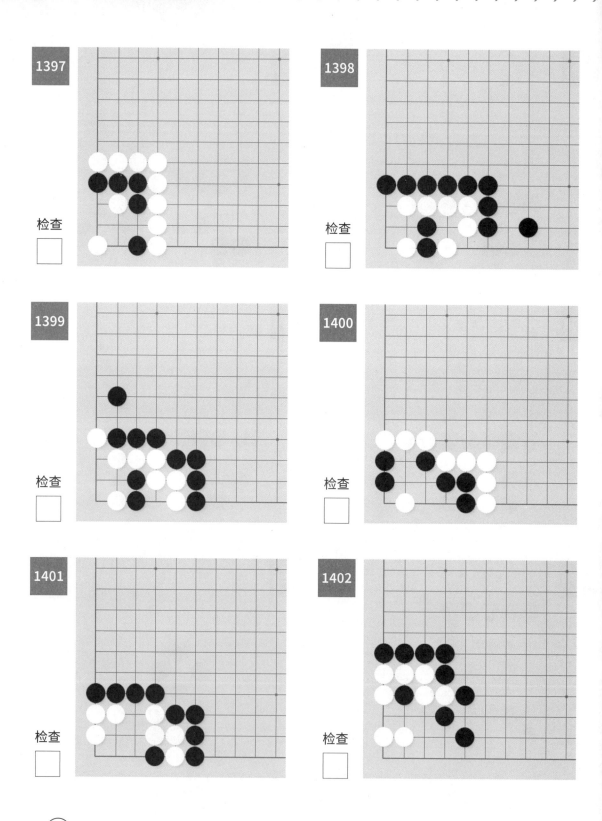

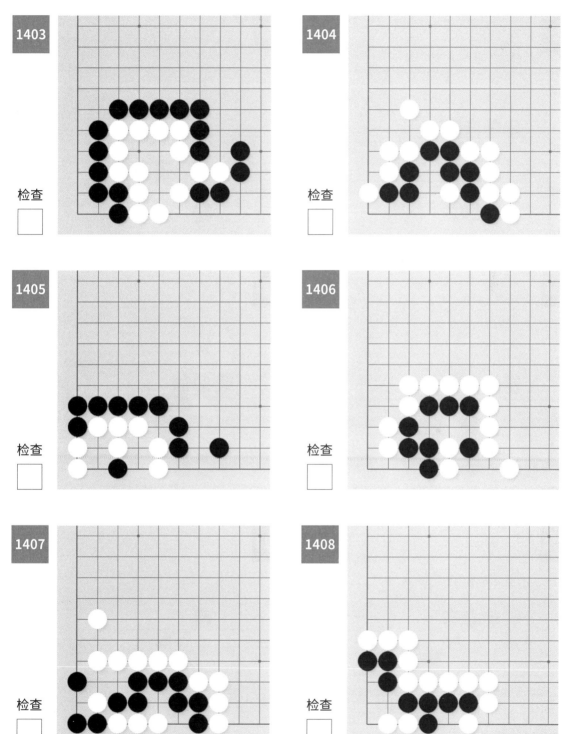

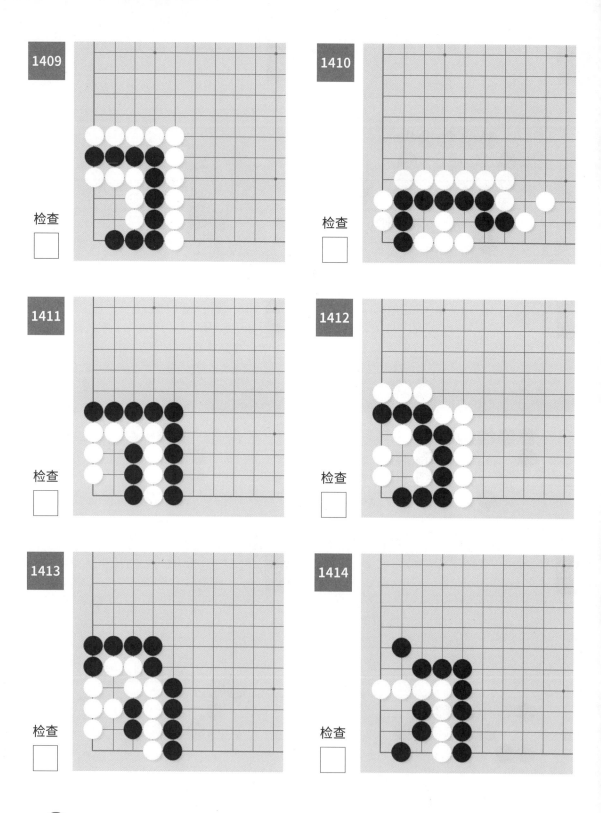

1415

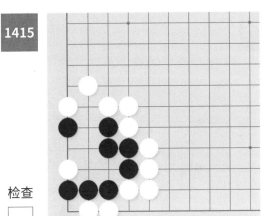

检查

1416

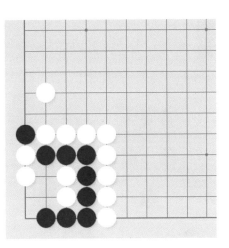

检查

1417

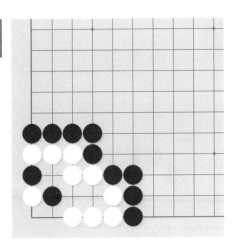

检查

1418

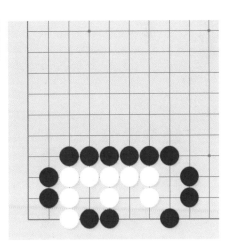

检查

1419

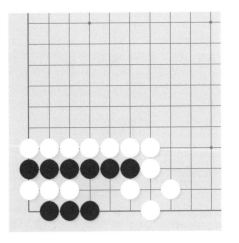

检查

1420

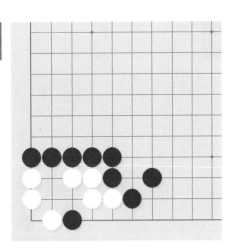

检查

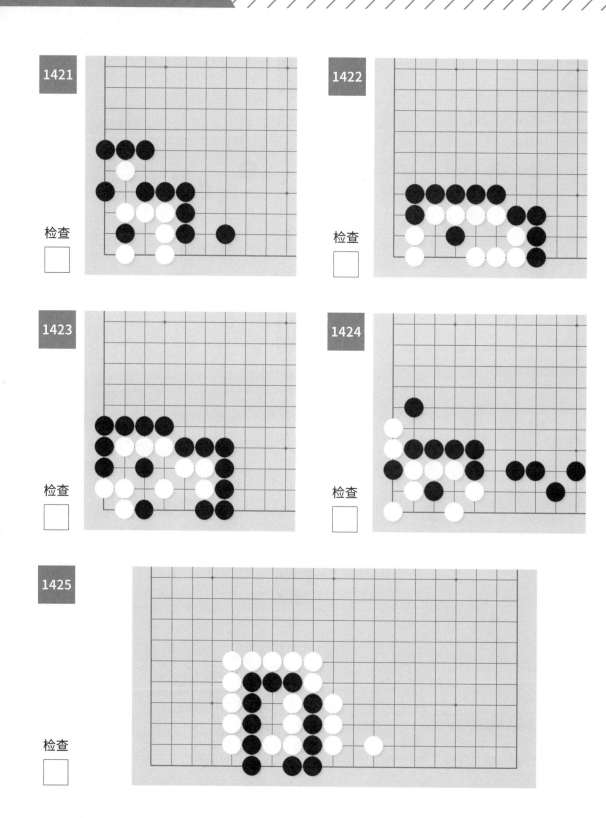

1421 检查 □

1422 检查 □

1423 检查 □

1424 检查 □

1425 检查 □

1426

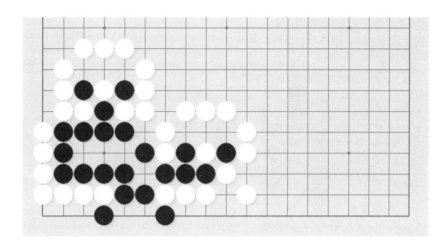

检查

1427

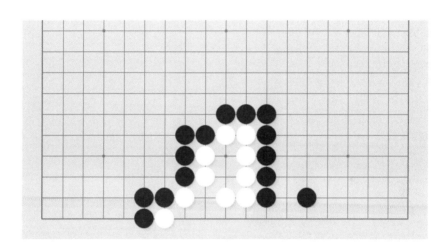

检查

1428

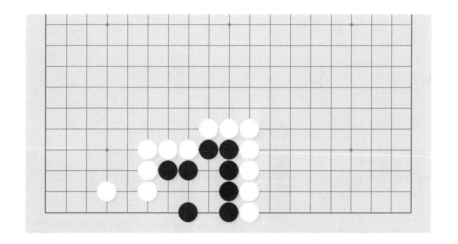

检查

1429

检查

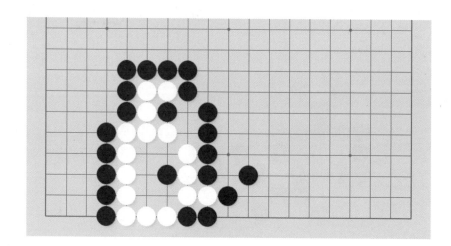

1430

检查

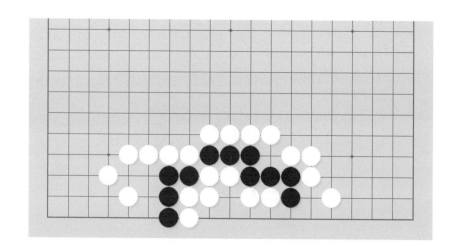

1431

检查

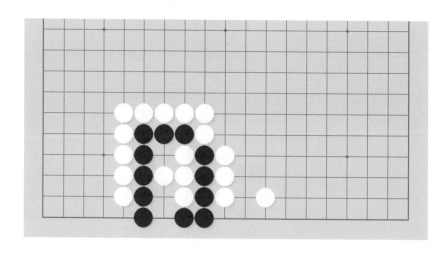

1432

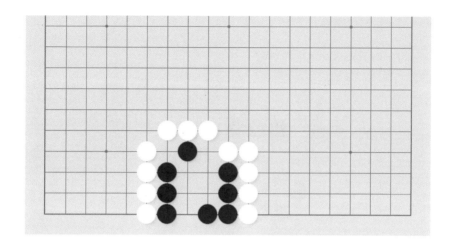

检查

1433

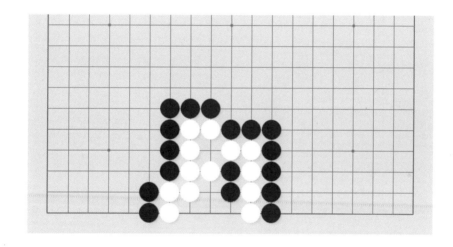

检查

1434

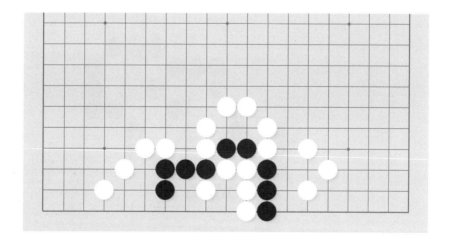

检查

1435

检查

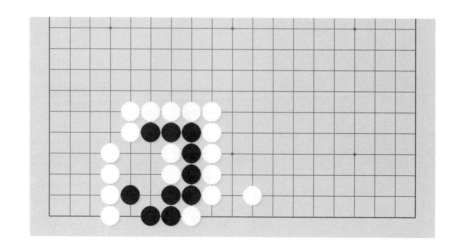

1436

检查

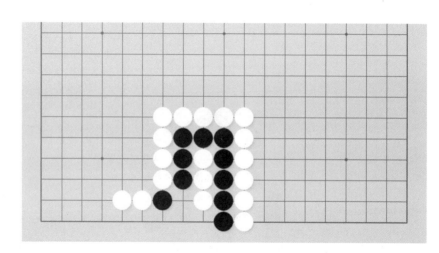

1437

检查

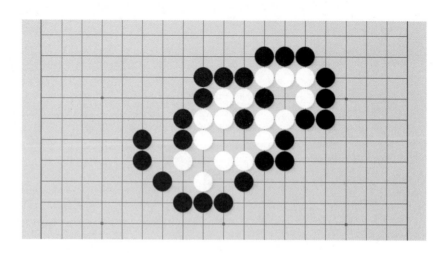

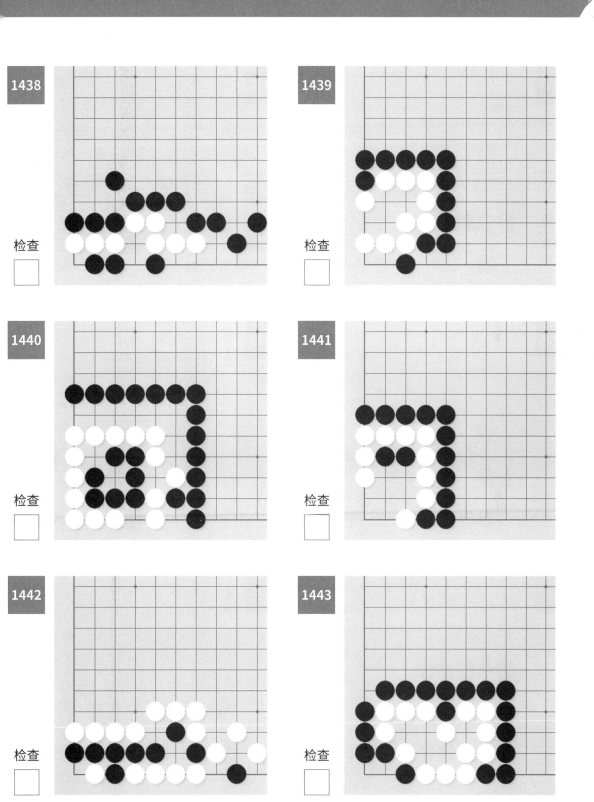

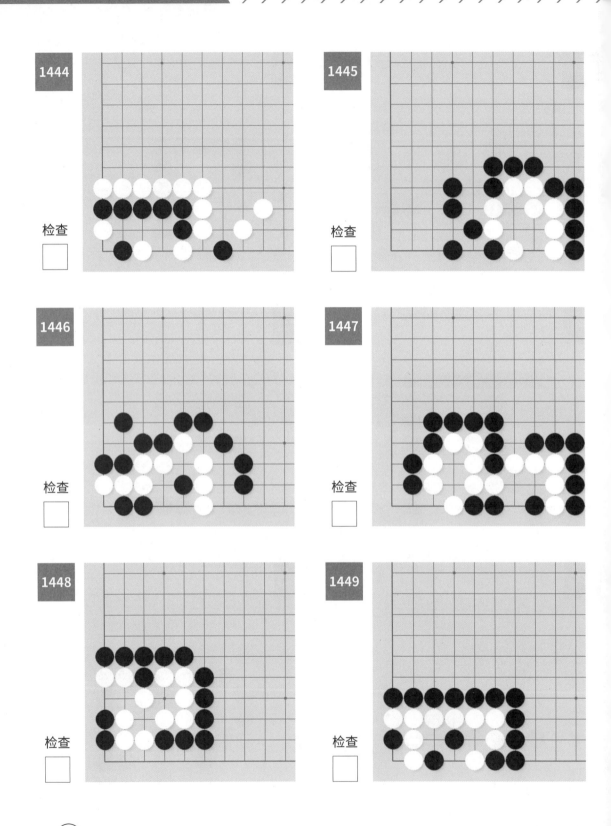

1450

检查 □

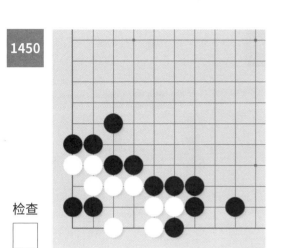

1451

检查 □

1452

检查 □

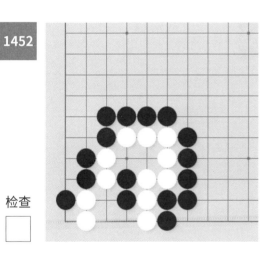

1453

检查 □

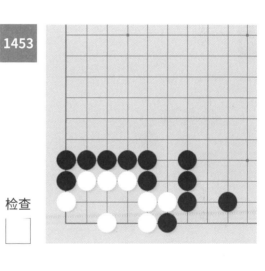

1454

检查 □

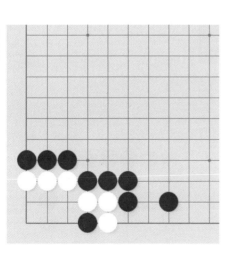

1455

检查 □

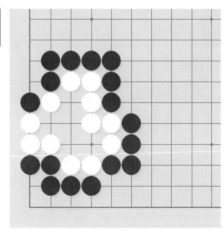

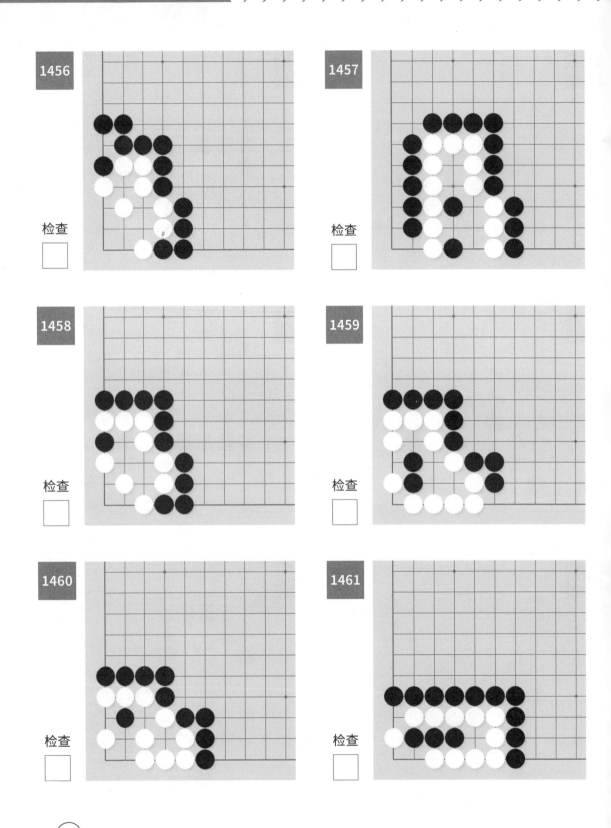

1456

检查

1457

检查

1458

检查

1459

检查

1460

检查

1461

检查

1462

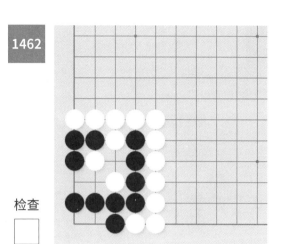

检查

1463

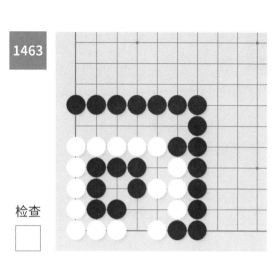

检查

1464

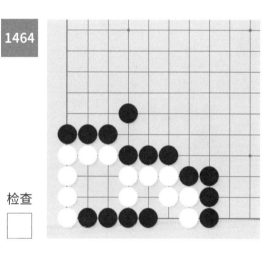

检查

1465

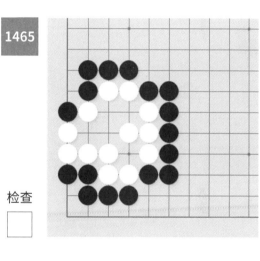

检查

1466

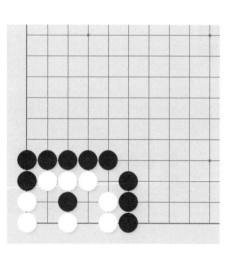

检查

1467

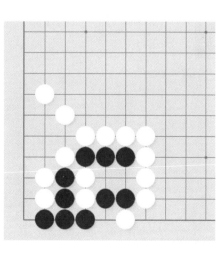

检查

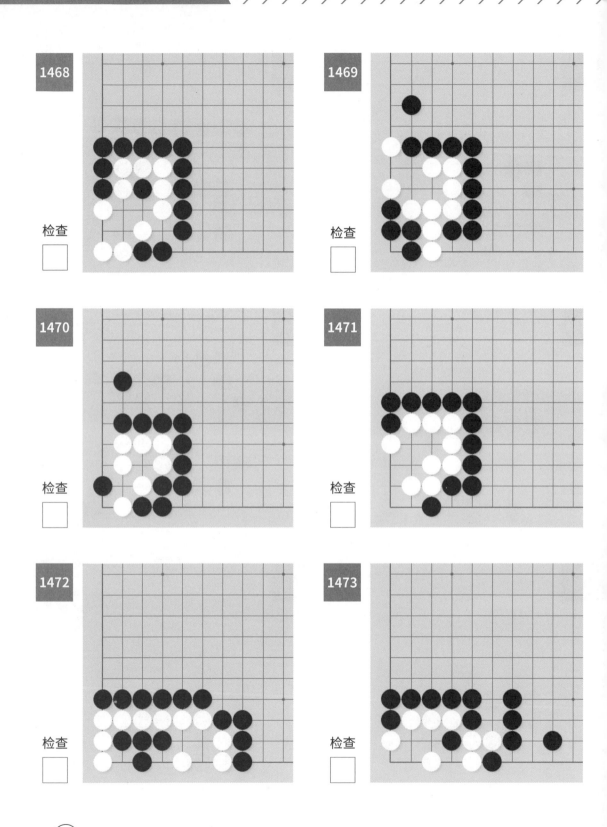

1474

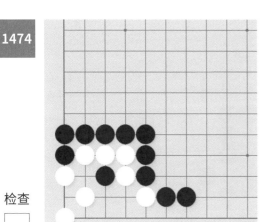

检查

1475

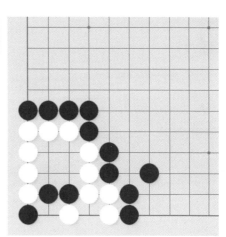

检查

1476

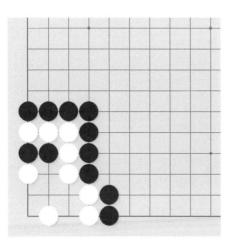

检查

1477

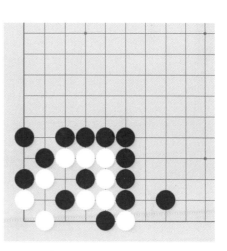

检查

1478

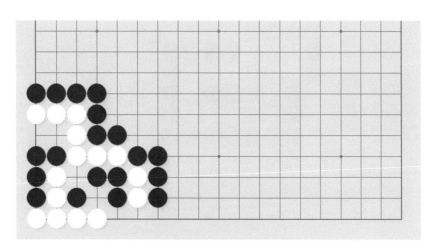

检查

1479

检查

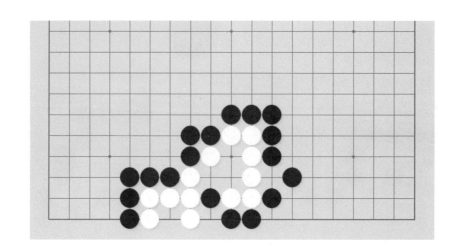

1480

检查

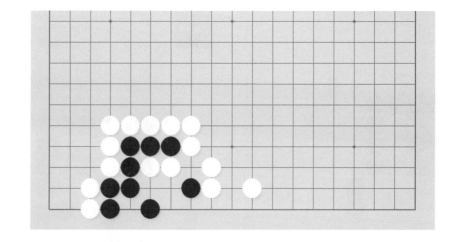

1481

检查

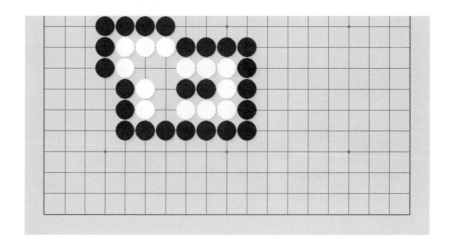

1482

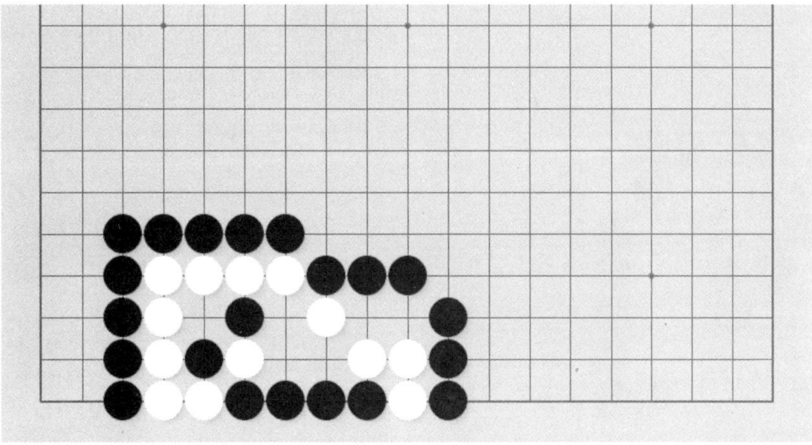

检查

1483

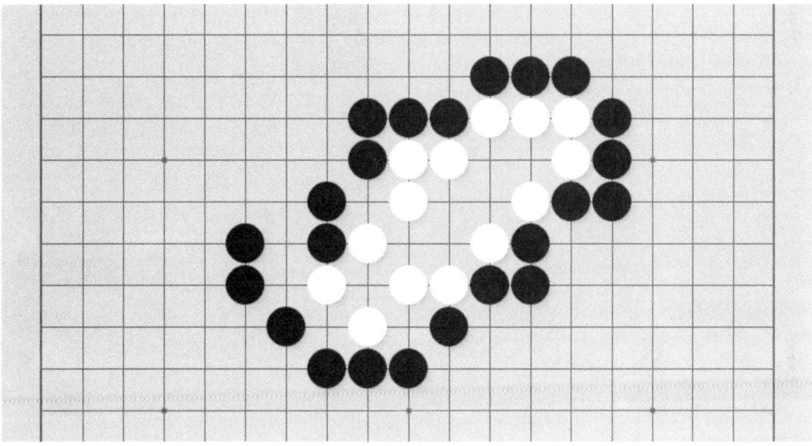

检查

穿象眼

　　穿象眼，是围棋术语之一，指的是在对方"象步"的中心点下一着，把对方的棋子分割开。

　　一般来说，我们要尽量避免被穿象眼，因为通常象步被分开之后，棋形会有四分五裂之感。小时候的我听到这个术语后，一直努力地避开被穿象眼的棋形，因为听起来眼睛被穿刺真的蛮痛的。穿象眼是我心目中会让人恐惧的围棋术语之一。

——陈禧

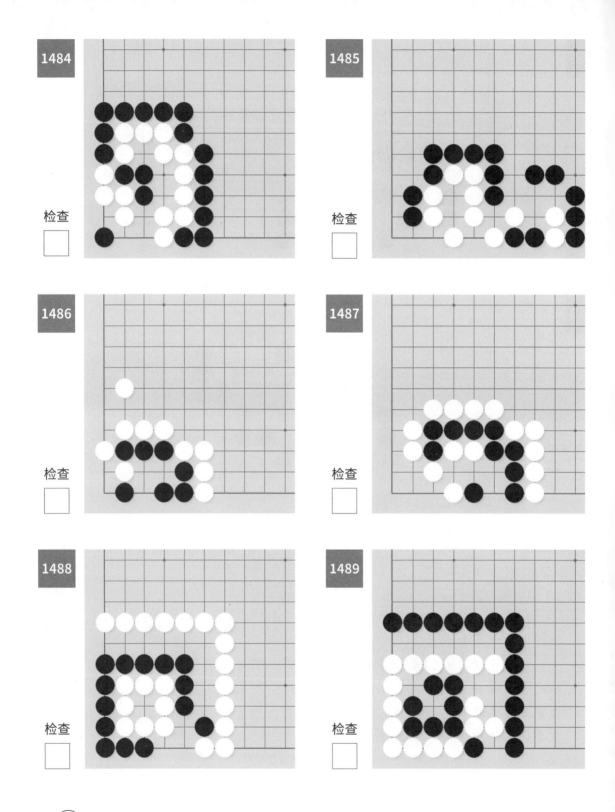

1490

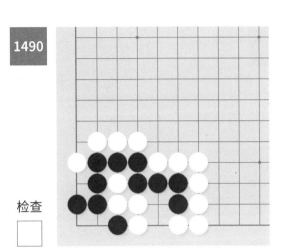

检查

1491

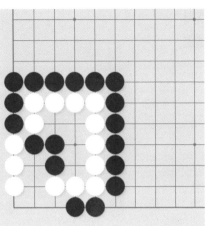

检查

1492

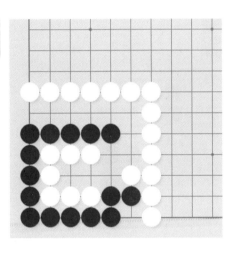

检查

1493

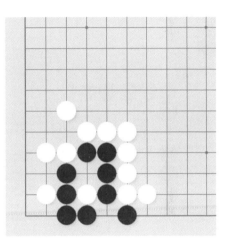

检查

1494

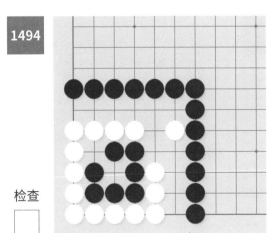

检查

1495

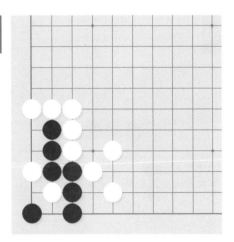

检查

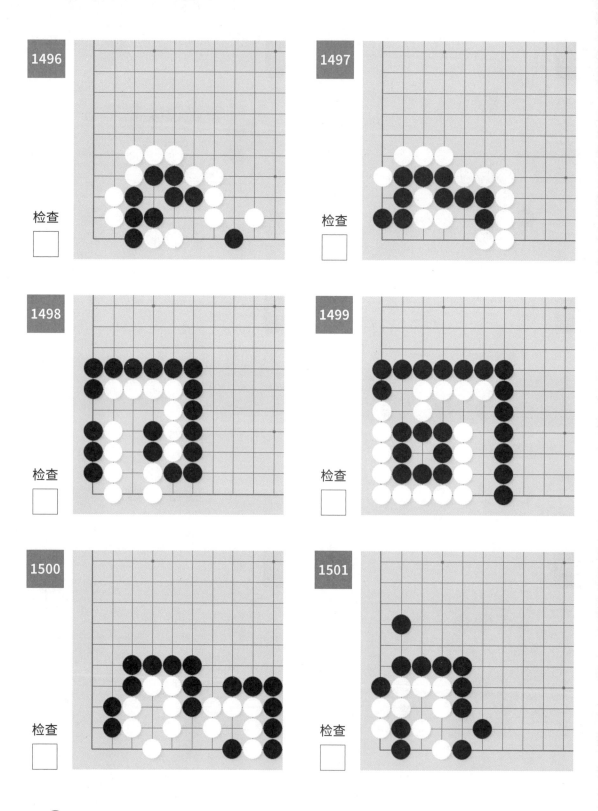

1502
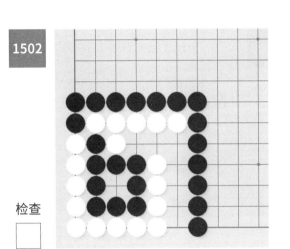

检查

1503
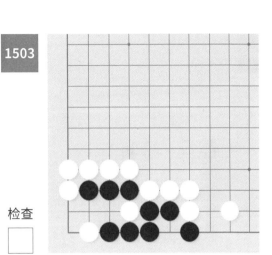

检查

1504
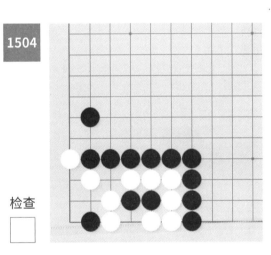

检查

1505
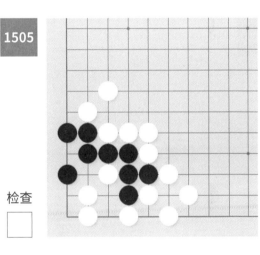

检查

1506
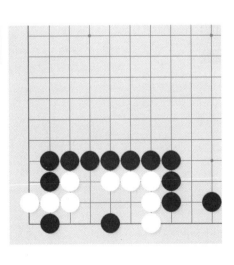

检查

1507
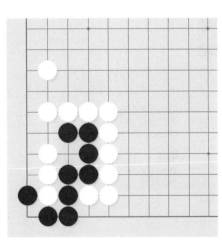

检查

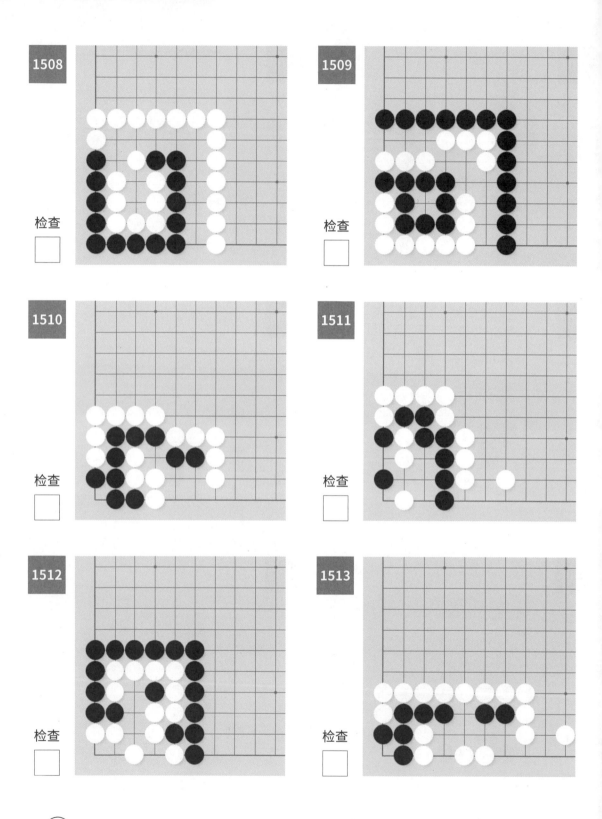

1514
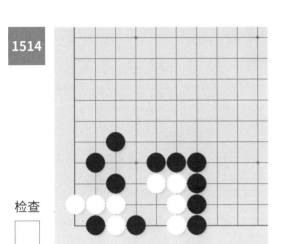

检查 ☐

1515
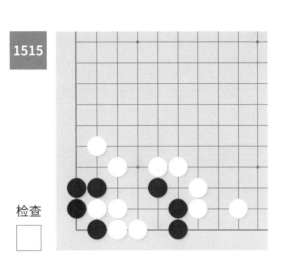

检查 ☐

1516
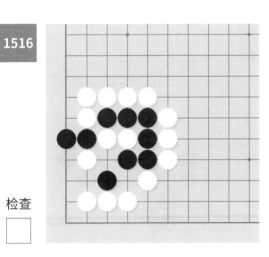

检查 ☐

1517
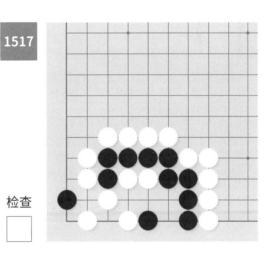

检查 ☐

1518
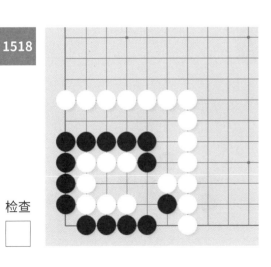

检查 ☐

1519
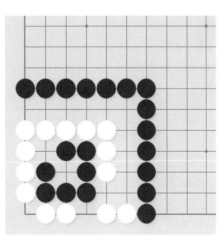

检查 ☐

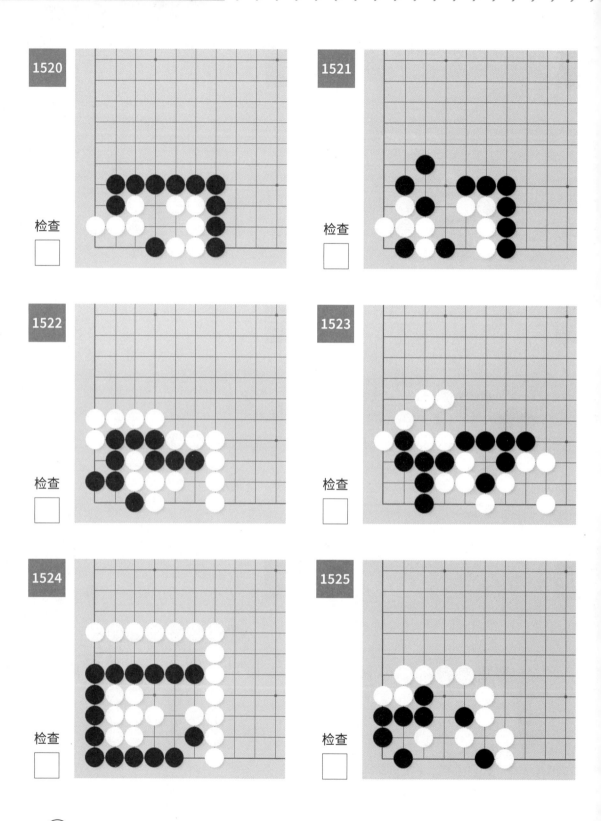

1526

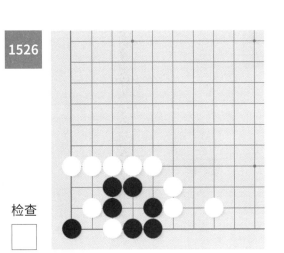

检查

1527

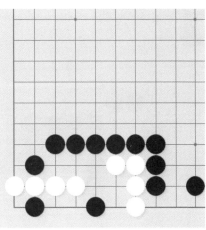

检查

1528

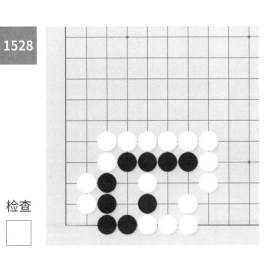

检查

1529

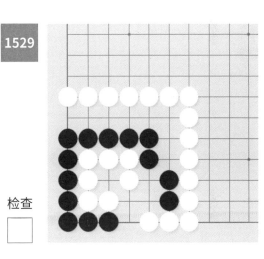

检查

1530

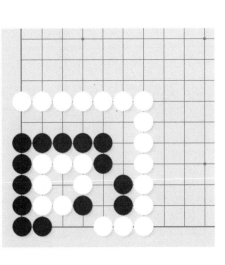

检查

1531

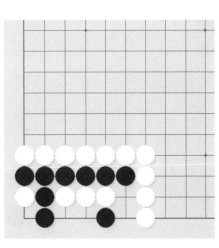

检查

1532 检查 □

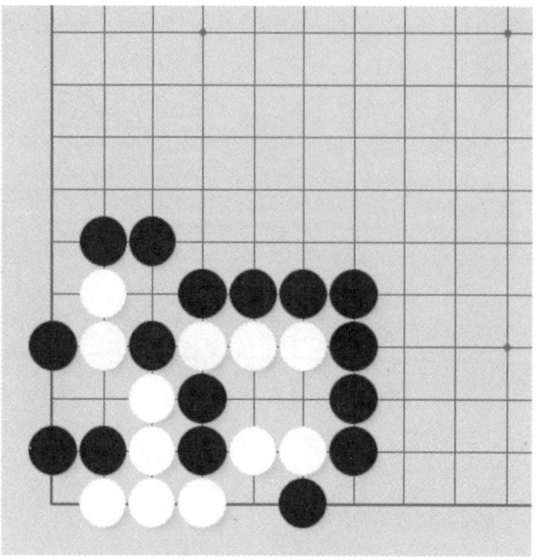

1533 检查 □

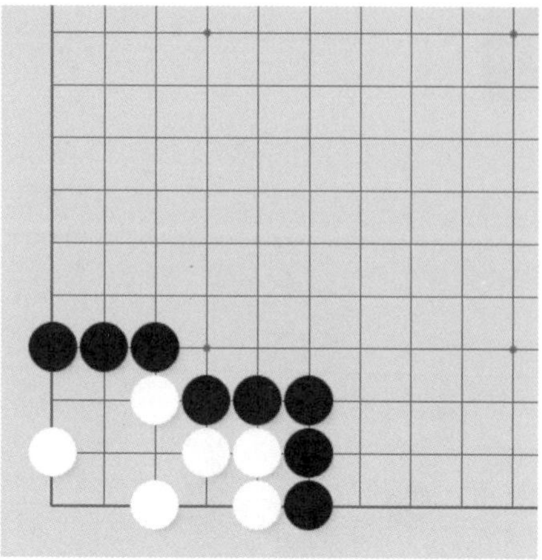

1534 检查 □

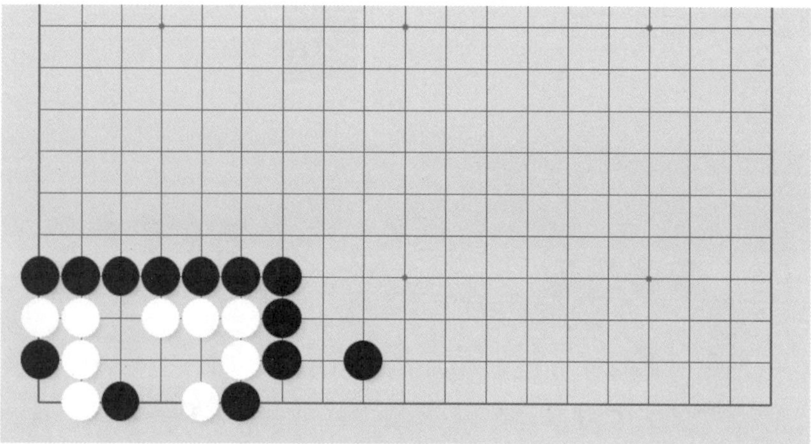

1535 检查 □

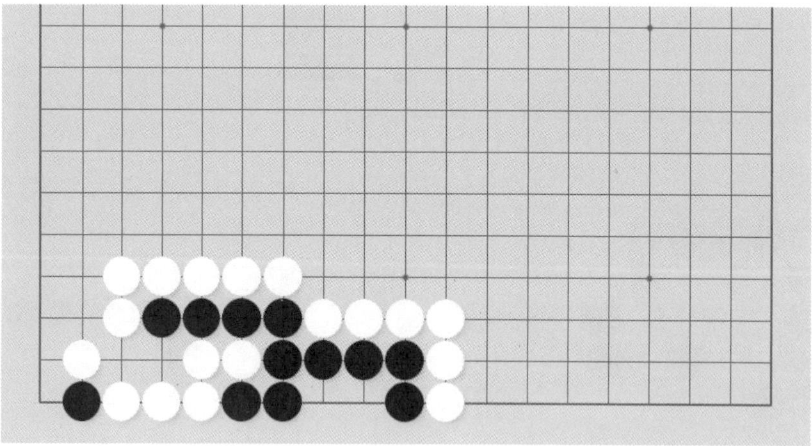

1536

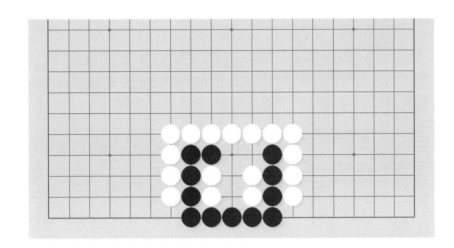

检查

1537

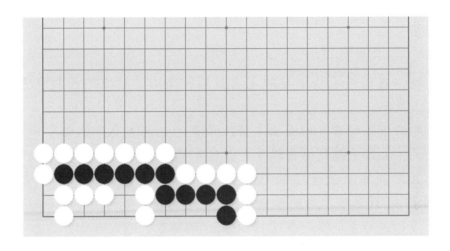

检查

1538

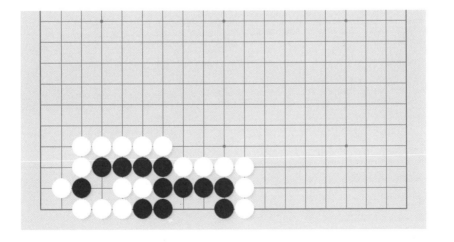

检查

1539

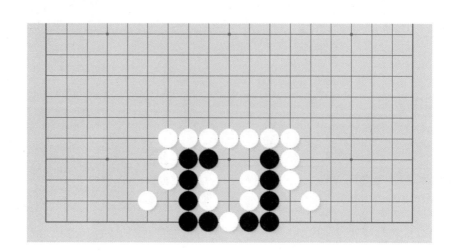

检查

□

挖

　　挖，在围棋术语中指的是在相隔一路的、对方的两颗棋子中间下一着。

　　挖的下法时常可以走出手筋，毕竟这个走法是相当出其不意的，一般我们不太容易想到要将棋子走进对方棋子的中间。

　　在实战中，最著名的棋局就是人机挑战赛世界冠军李世石对上 AlphaGo。该赛事第四局李世石 78 手走出的神之一挖，直接成为胜着，李世石也成为当今唯一赢过 AlphaGo 的棋手，颇具殊荣。

——檀啸

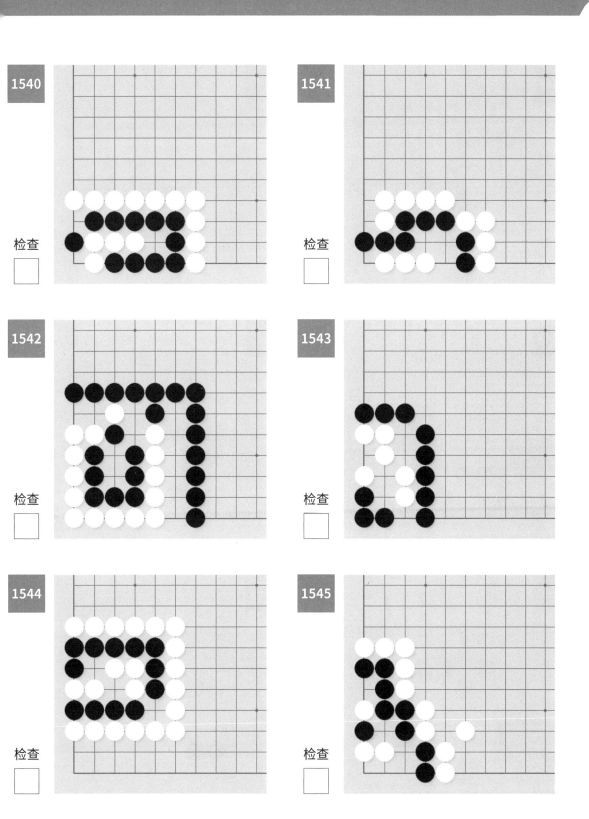

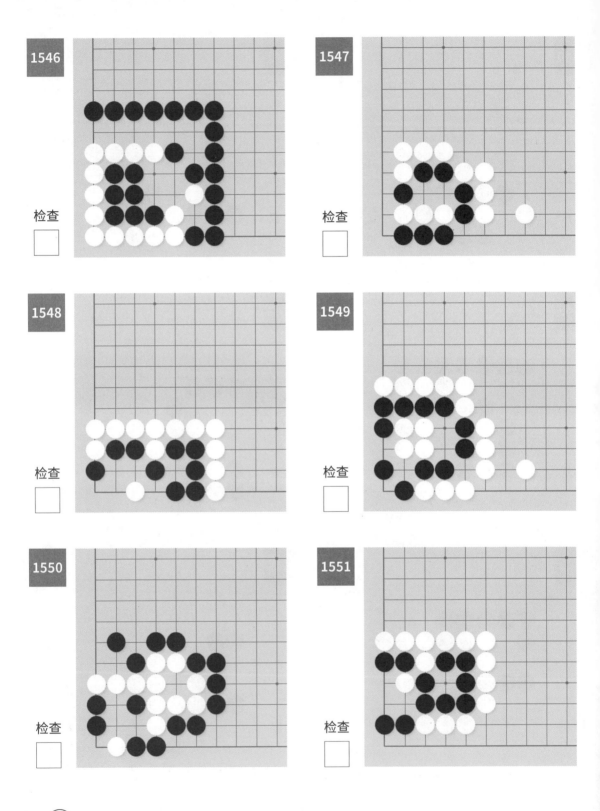

1552

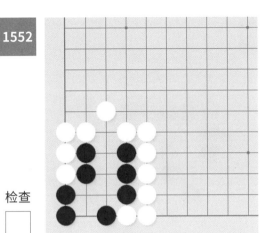

检查

1553

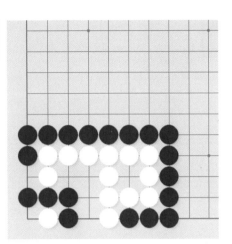

检查

1554

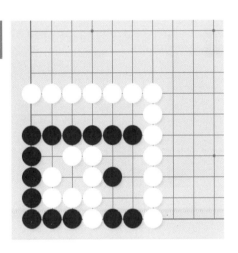

检查

1555

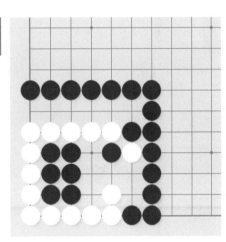

检查

1556

检查

1557

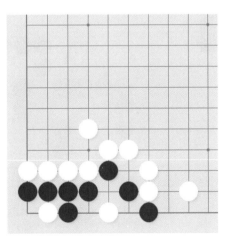

检查

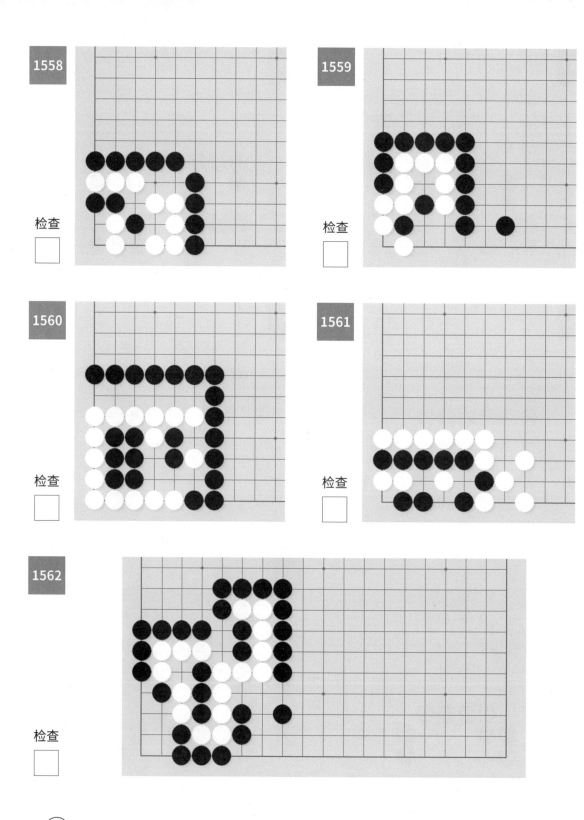

1563

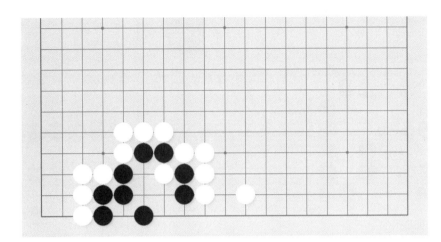

检查

1564

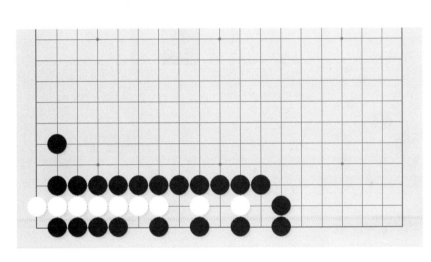

检查

忠实的记录者

　　诘棋很神奇，像是一个又一个的谜题等着棋友们解开。因此，诘棋创作家又可以称为谜题创作者，而我认为自己是一位忠实的记录者。通常，只要是有唯一解的题目，我都会忠实地记录下来，不太会因为作品中没有太出彩的手筋而将之删除。我总是相信每一道题目都有它的价值。

——陈禧

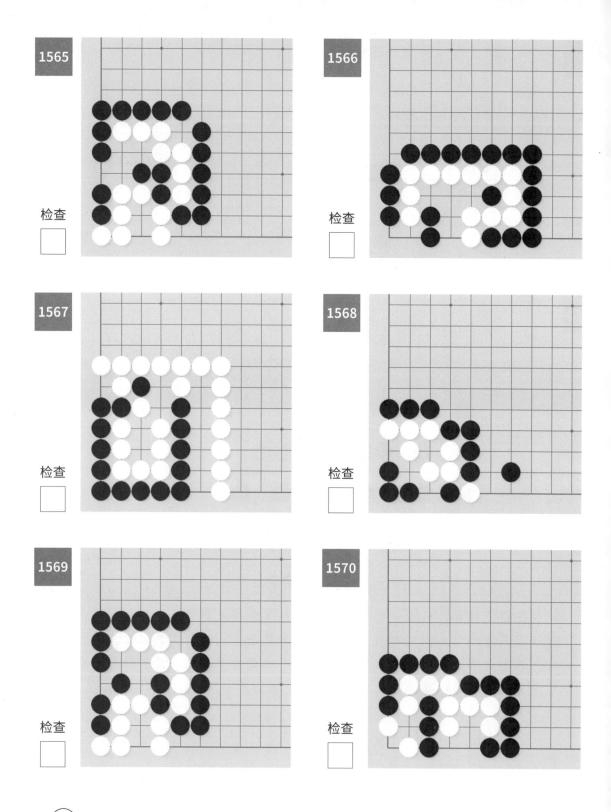

1565

1566

检查

检查

1567

1568

检查

检查

1569

1570

检查

检查

1571

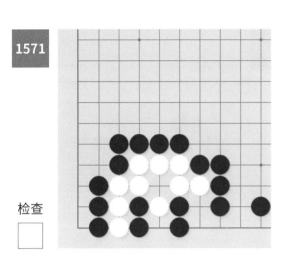

检查

1572

1573

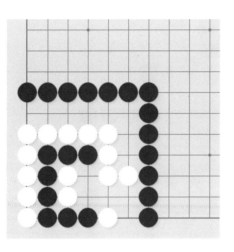

检查

1574

1575

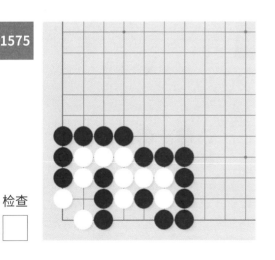

检查

1576

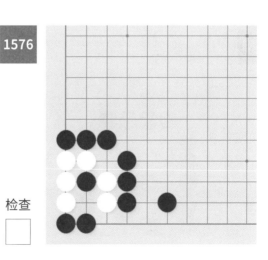

检查

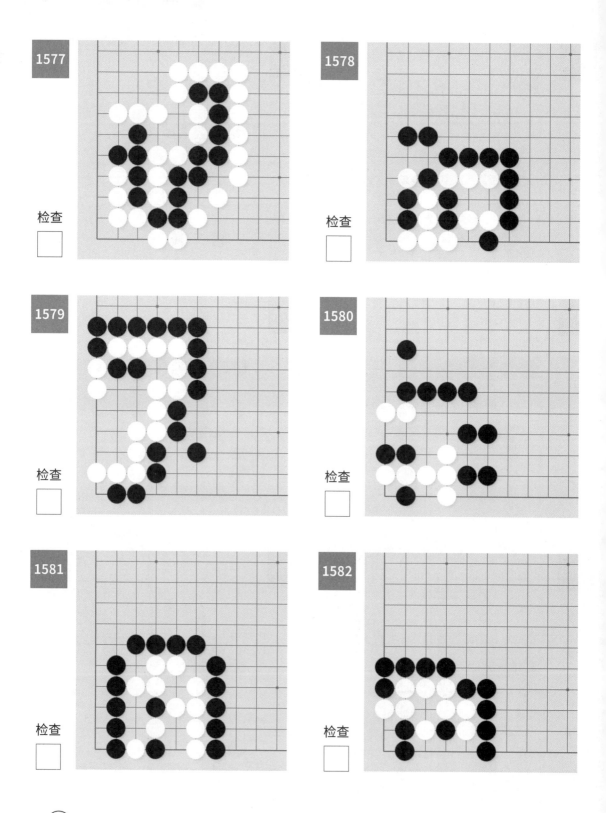

1583

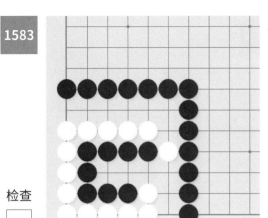

检查

1584

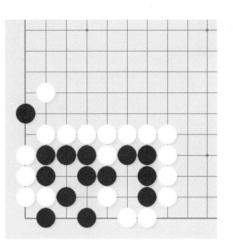

检查

1585

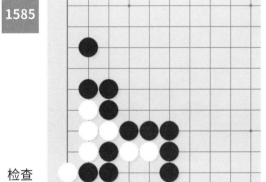

检查

1586

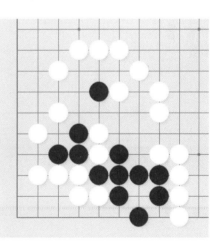

检查

1587

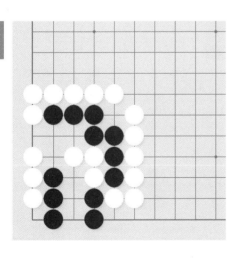

检查

1588

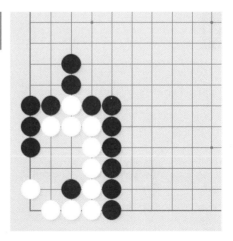

检查

117

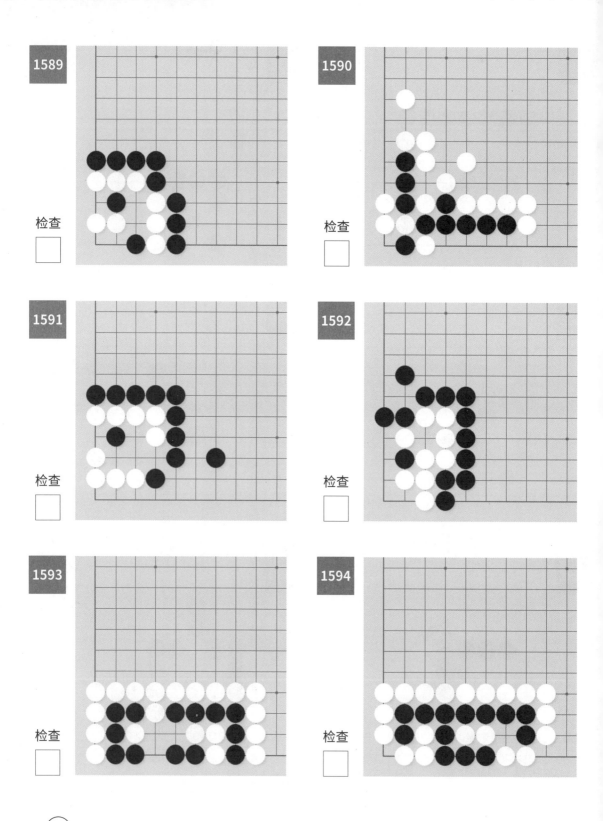

1589

检查

1590

检查

1591

检查

1592

检查

1593

检查

1594

检查

1595

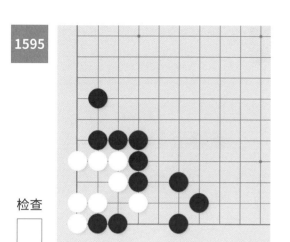

检查

1596

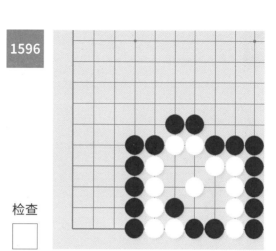

检查

1597

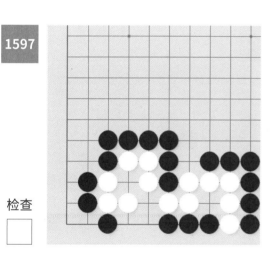

检查

1598

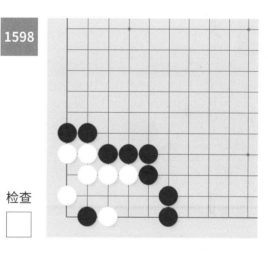

检查

1599

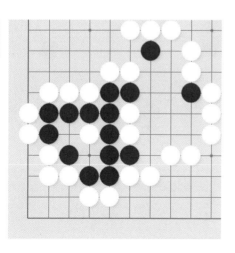

检查

1600

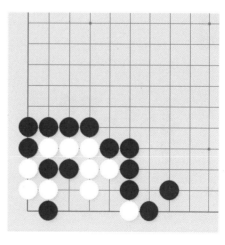

检查

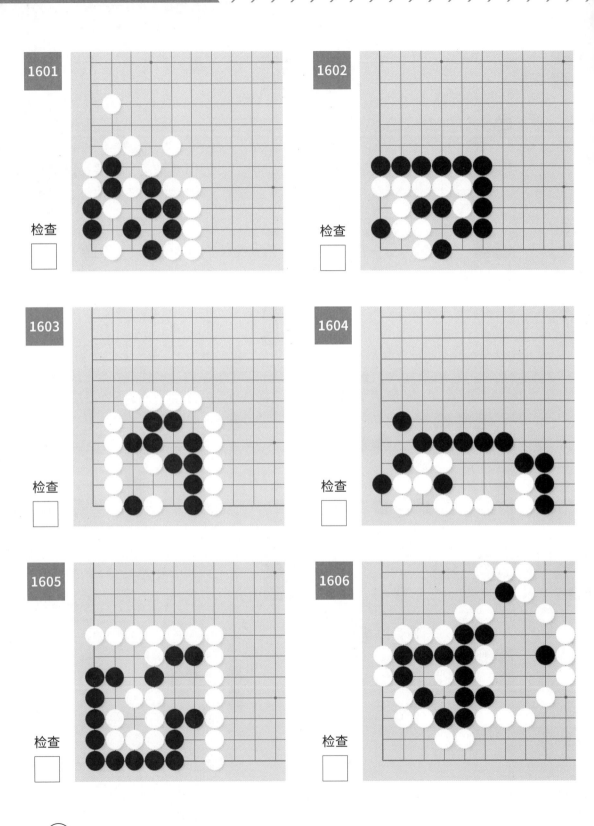

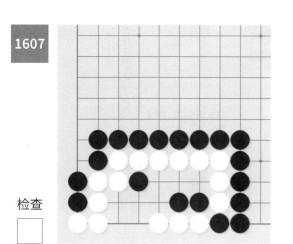

1607

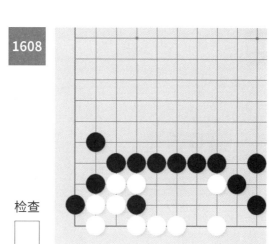

1608

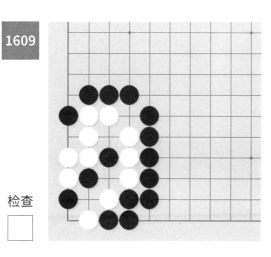

1609

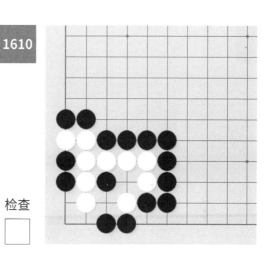

1610

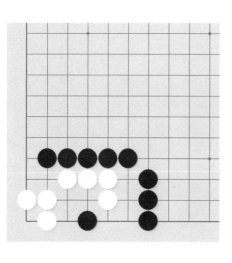

1611

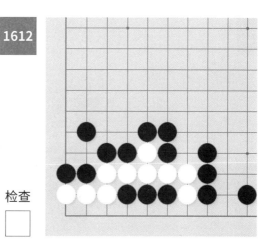

1612

检查

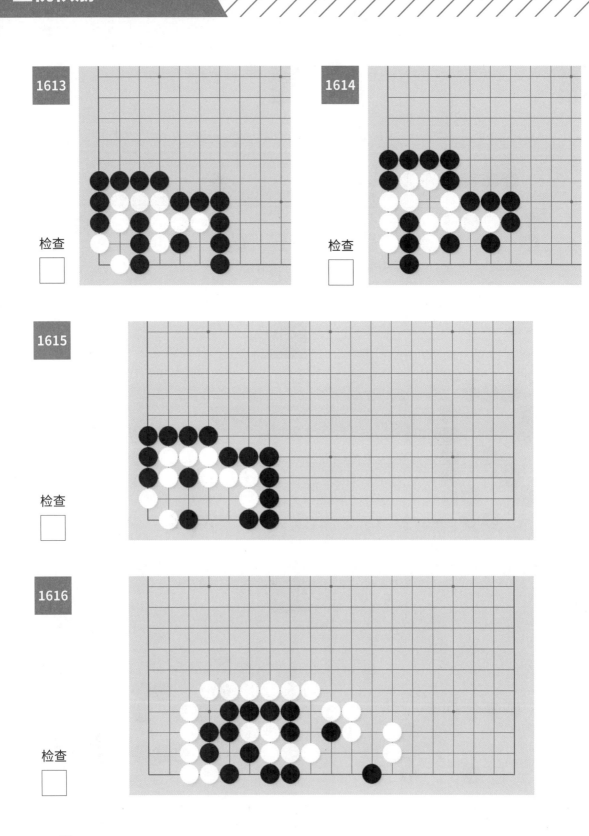

1613

检查

1614

检查

1615

检查

1616

检查

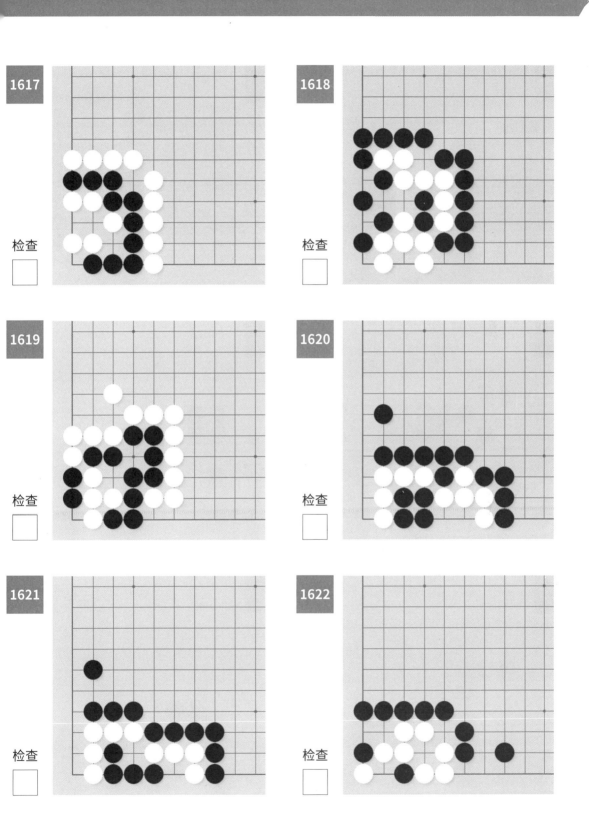

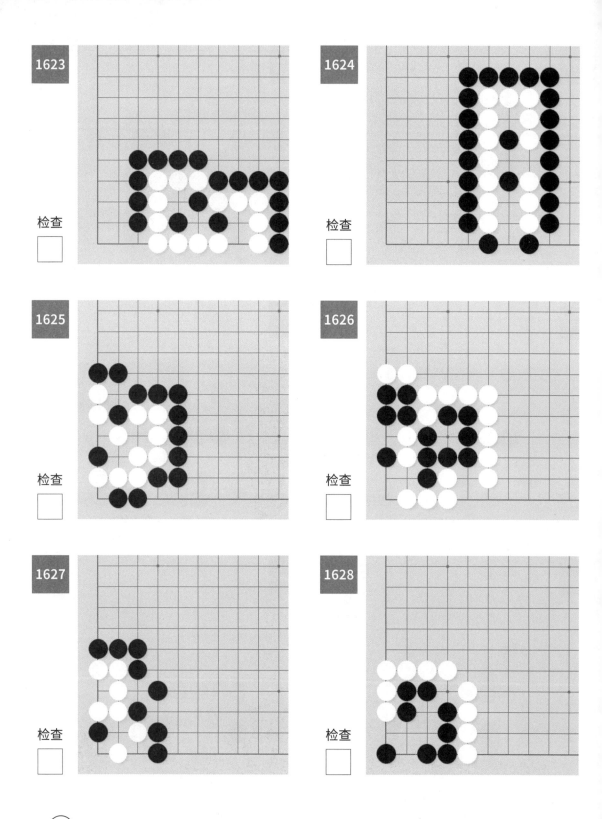

1629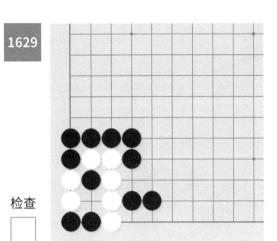

检查

1630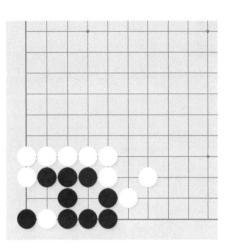

检查

1631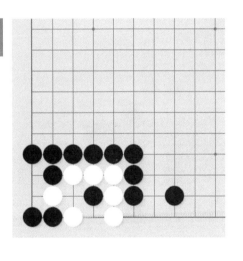

检查

1632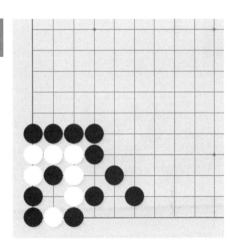

检查

1633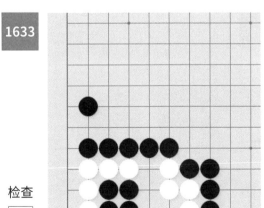

检查

1634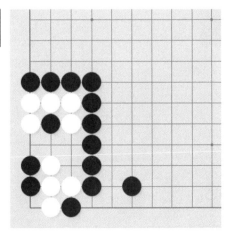

检查

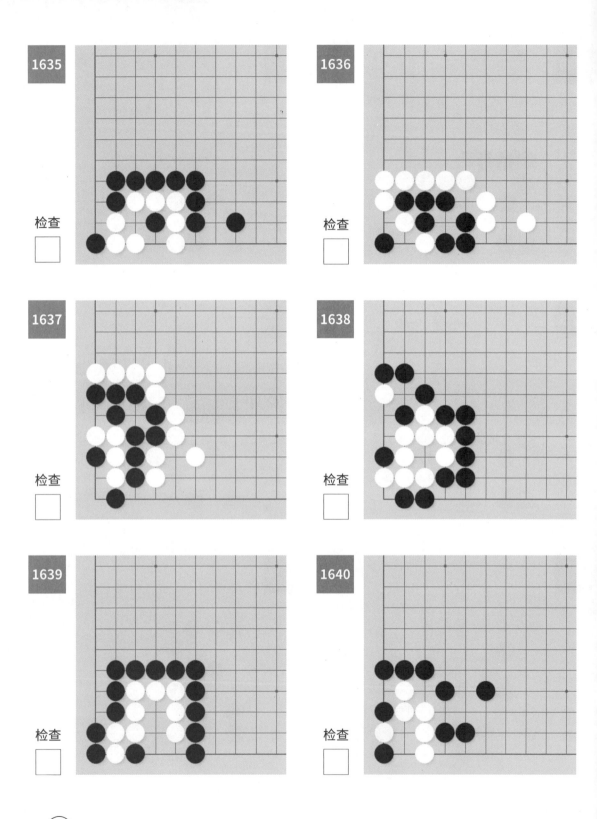

1641

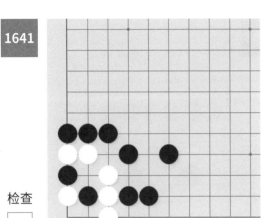

检查

1642

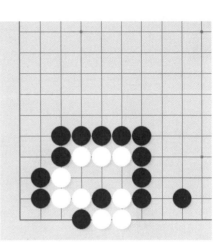

检查

1643

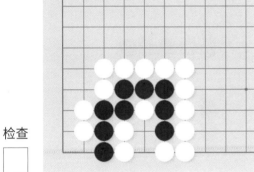

检查

1644

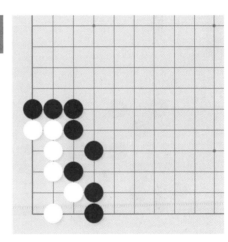

检查

1645

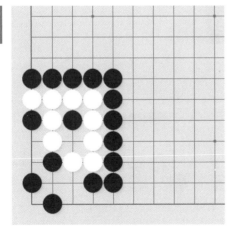

检查

1646

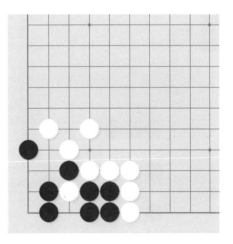

检查

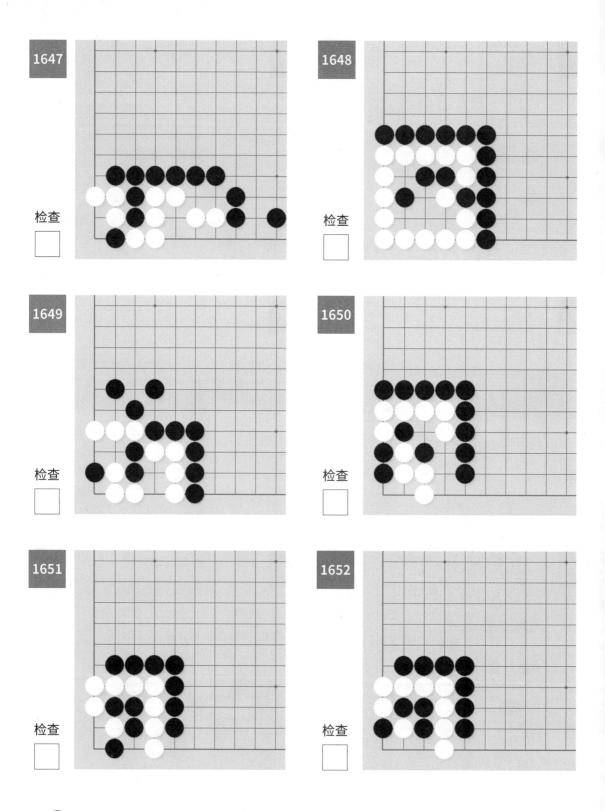

1653

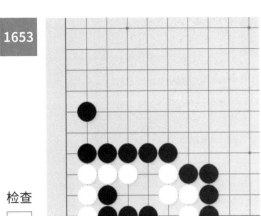

检查

1654

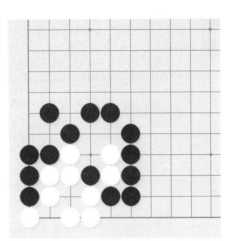

检查

1655

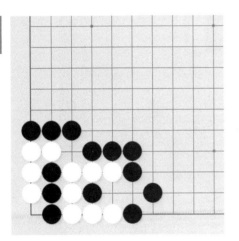

检查

1656

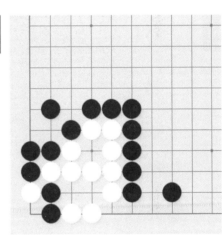

检查

1657

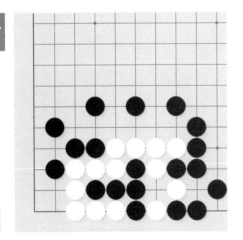

检查

1658

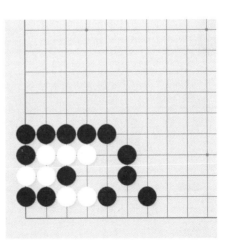

检查

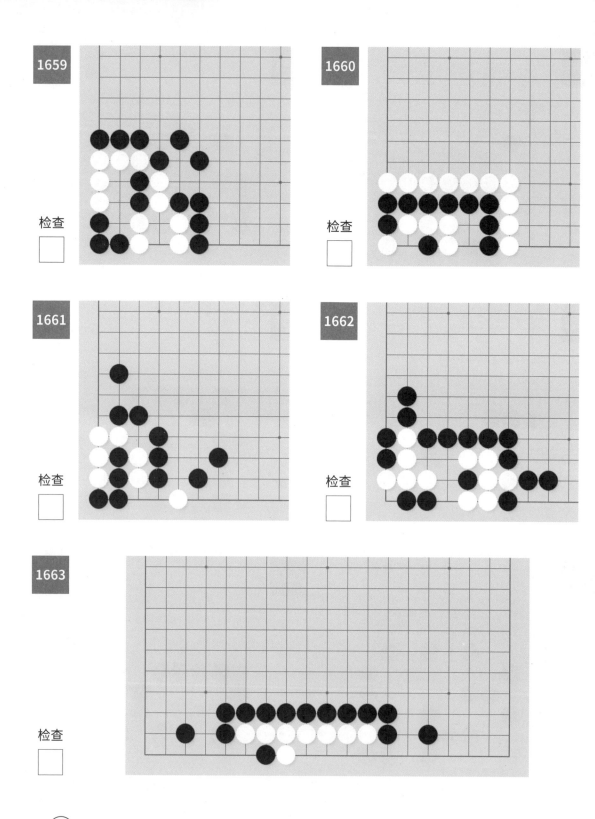

1659　检查 □

1660　检查 □

1661　检查 □

1662　检查 □

1663　检查 □

1664

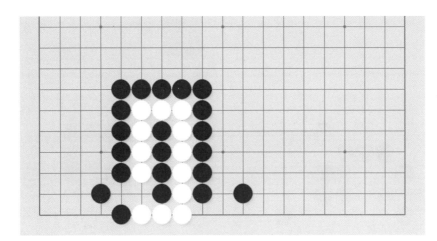

1665

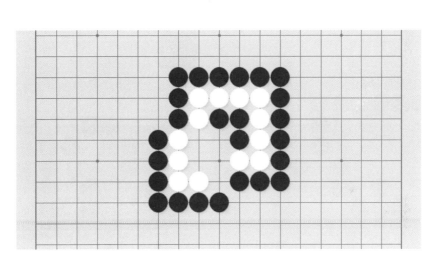

一键删除 500 道题

　　我有一个习惯：我会将出门在外时创的诘棋，摆在手机上的围棋 App 中，然后截图留存在相片内，等到之后有空时再记录于计算机上。

　　然而，因为截图并没有题目详细计算变化图，隔一段时间后，所有题目要重新计算。曾有一次算到太累了，我直接将手机中的 500 道题一键删除了。

——陈禧

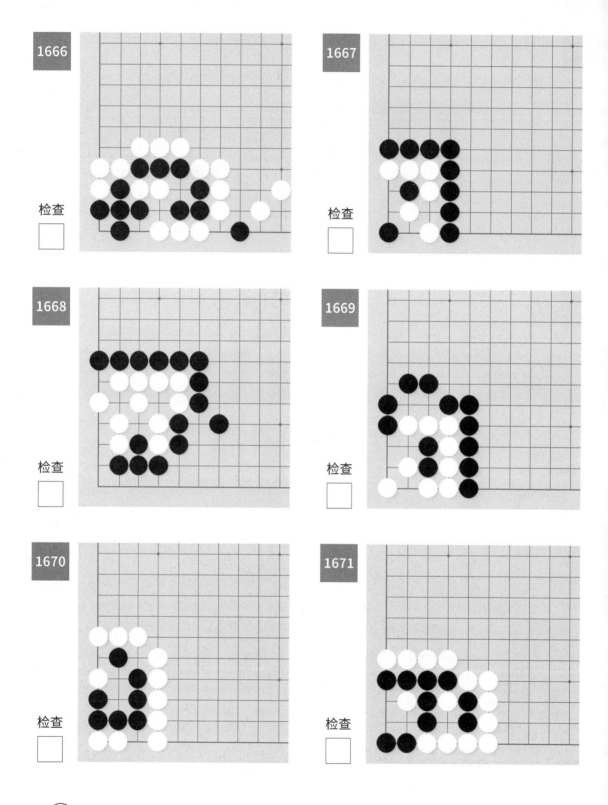

1672
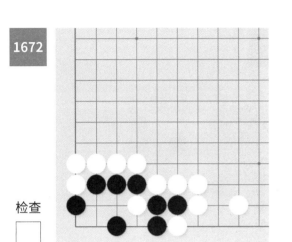
检查

1673
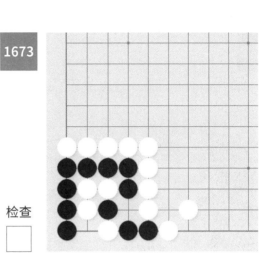
检查

1674
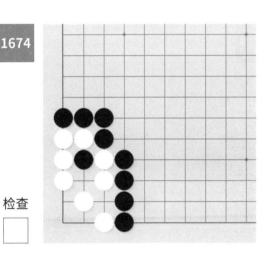
检查

1675
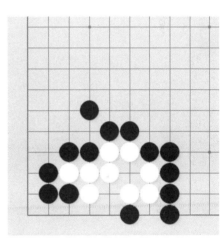
检查

1676
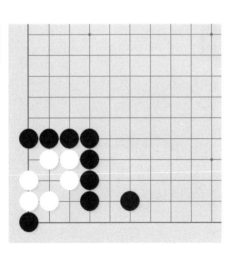
检查

1677
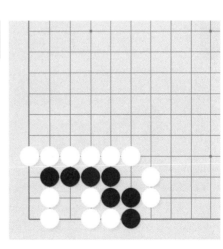
检查

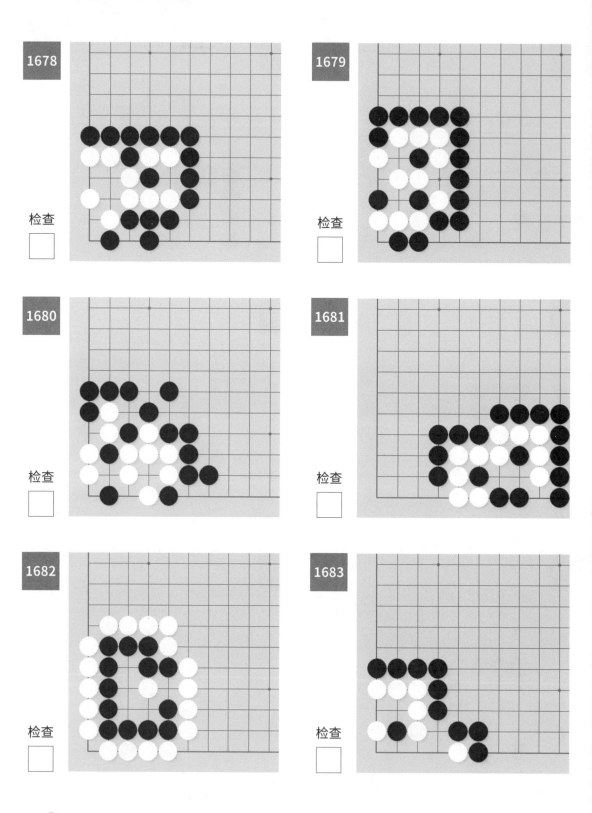

1684
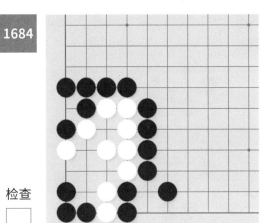
检查

1685
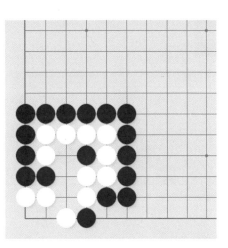
检查

1686
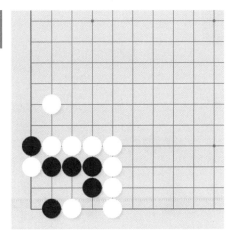
检查

1687
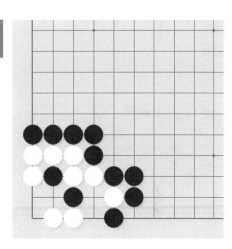
检查

1688
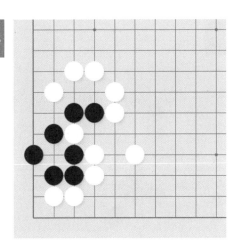
检查

1689
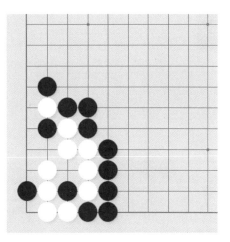
检查

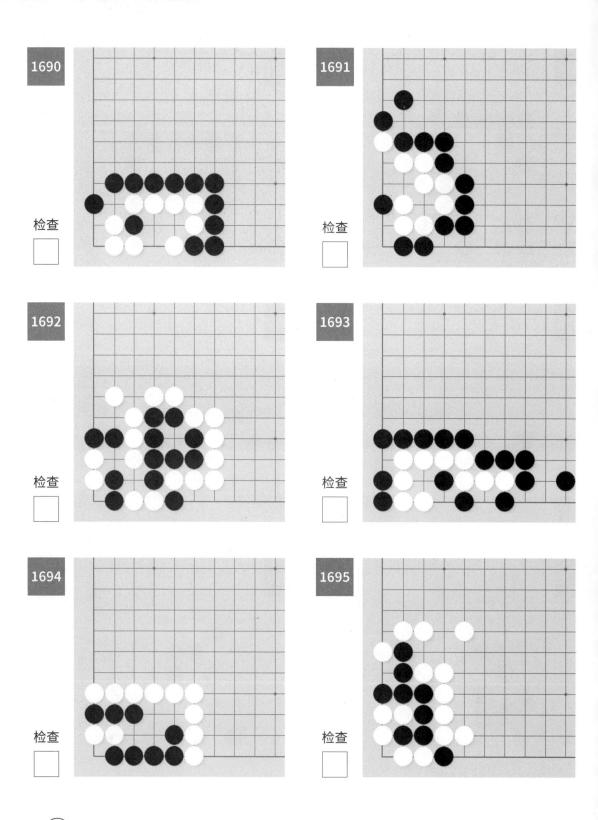

1696

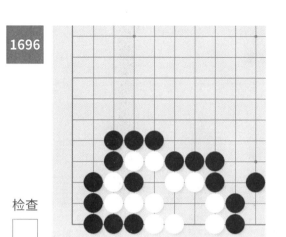

检查

1697

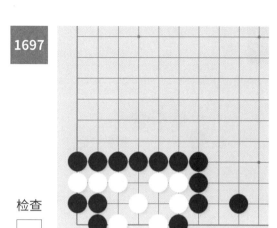

检查

1698

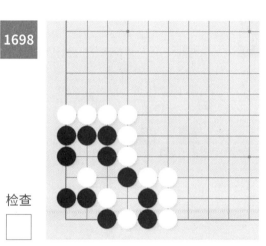

检查

1699

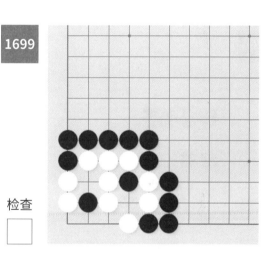

检查

1700

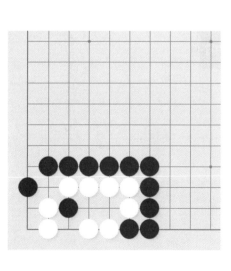

检查

1701

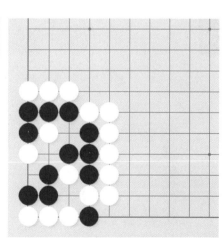

检查

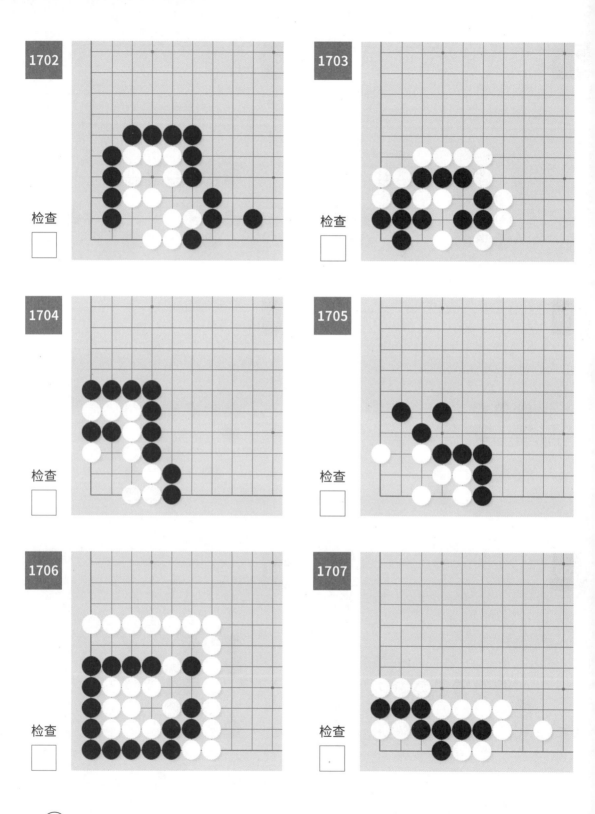

1702　检查

1703　检查

1704　检查

1705　检查

1706　检查

1707　检查

1708

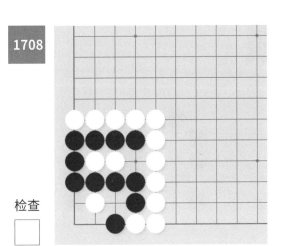

检查

1709

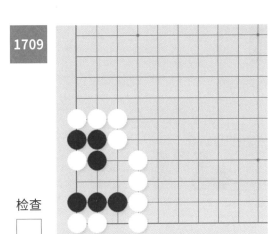

检查

1710

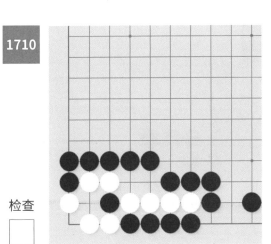

检查

1711

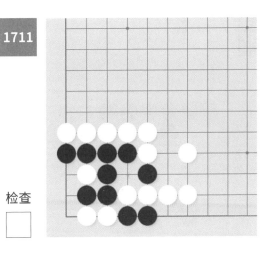

检查

1712

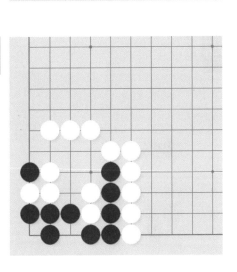

检查

1713

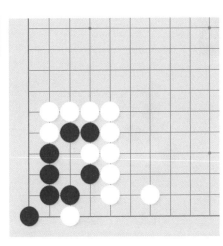

检查

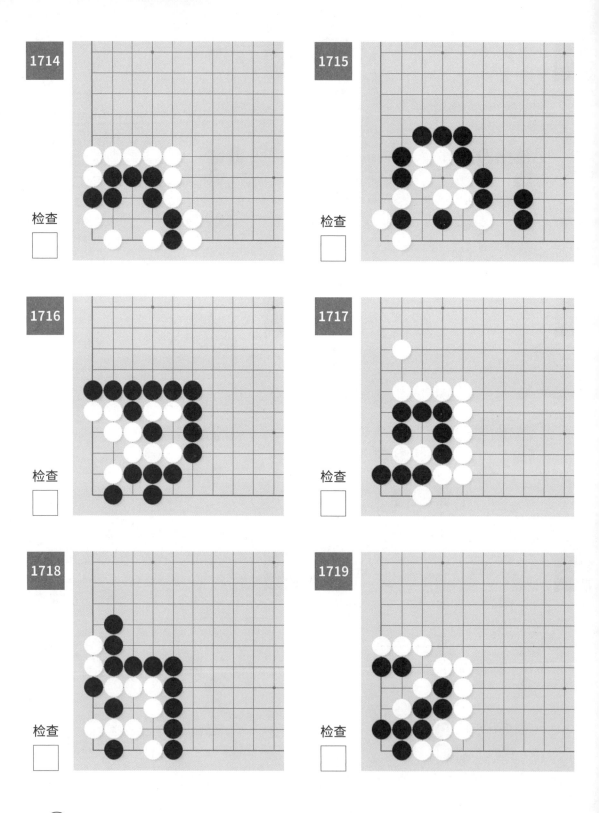

1720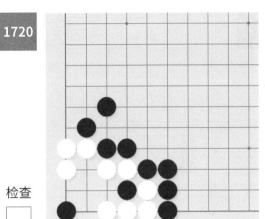

检查

1721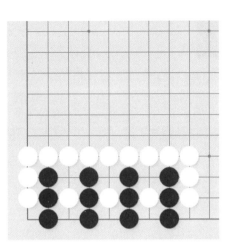

检查

1722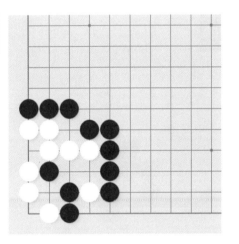

检查

1723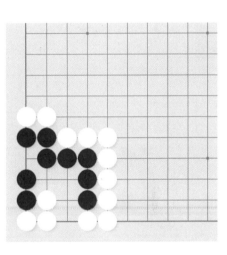

检查

1724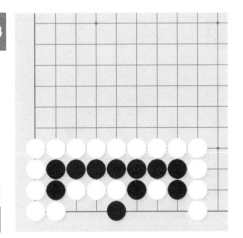

检查

1725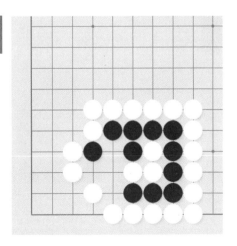

检查

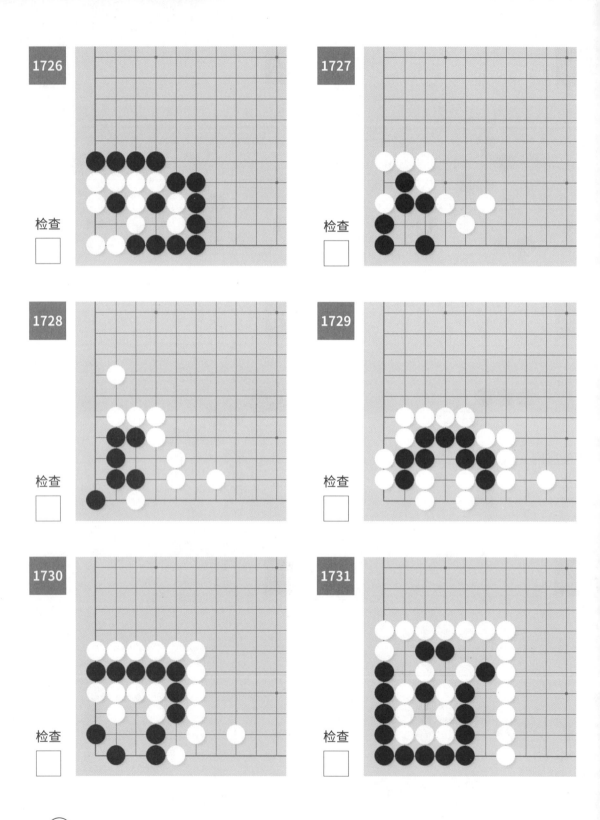

1732

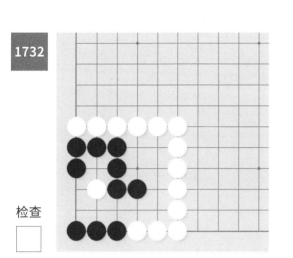

检查

1733

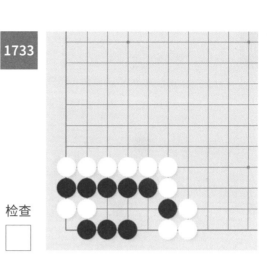

检查

1734

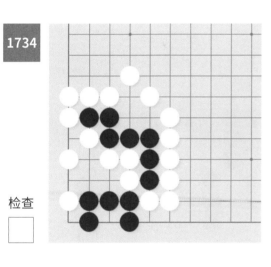

检查

1735

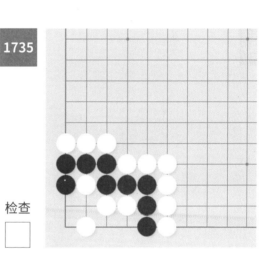

检查

1736

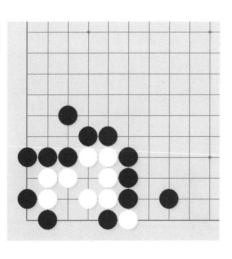

检查

1737

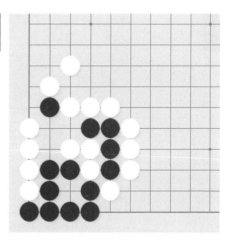

检查

1738

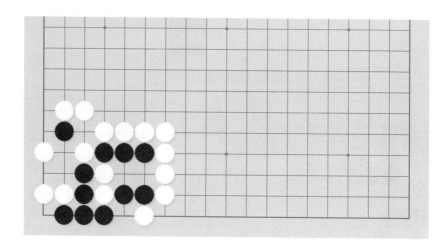

检查

1739

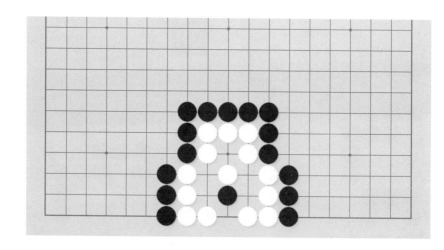

检查

1740

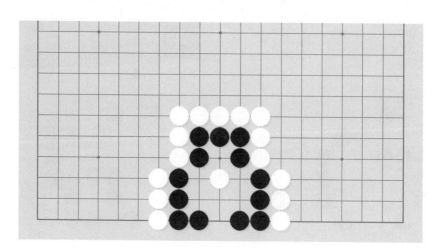

检查

1741

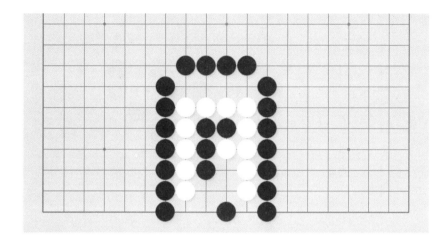

1742

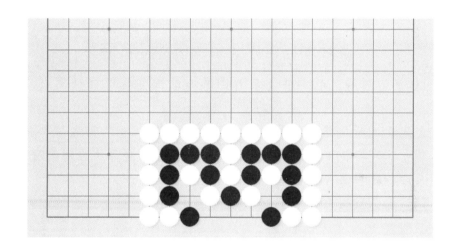

1743

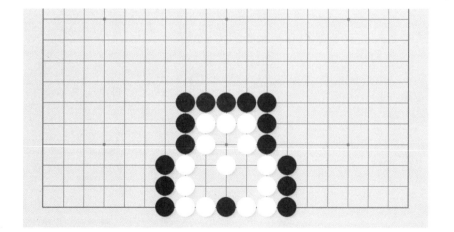

1744

检查

连环劫与世界业余围棋锦标赛冠军

10 岁的时候，我参加了在韩国举办的国务总理杯世界业余围棋锦标赛。

前几轮进行得特别顺利，以全胜之姿晋级，并在倒数第二轮对战韩国队选手，只要赢下此局，就有很大的机会成为冠军（当时辅分特别高，即使最后一轮输也可能夺冠）。

该盘厮杀相当激烈，我强杀韩国选手的一块棋，最后他以连环劫做活。而我却一直对该棋形有幻觉，以为是缓一气劫。当然，等我再下了数十步后回过神来时，冠军早已与我飘然远离。

——陈禧

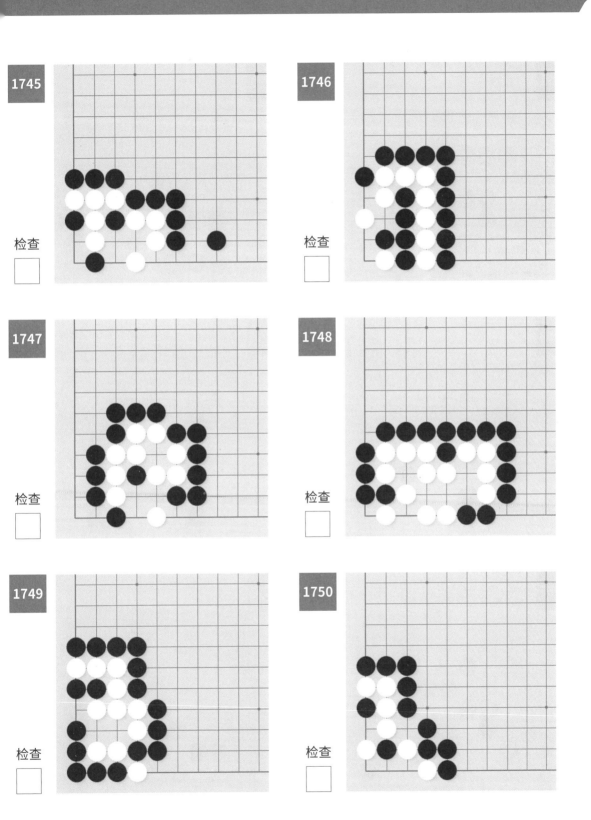

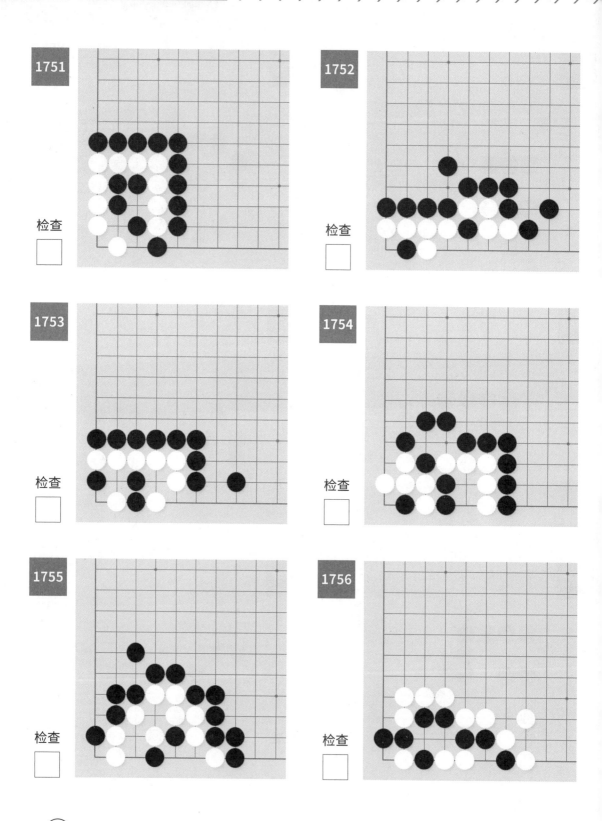

1757

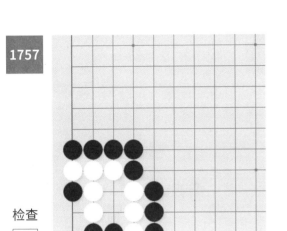

检查

1758

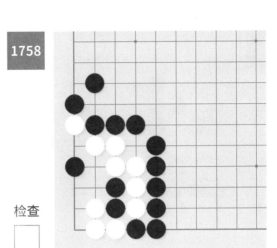

检查

1759

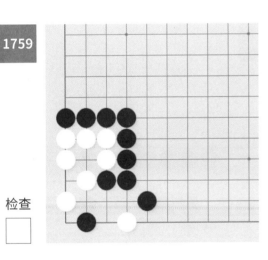

检查

1760

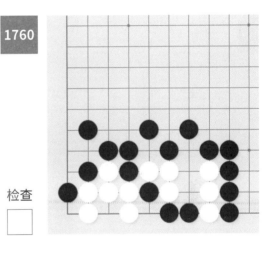

检查

1761

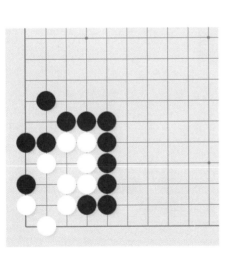

检查

1762

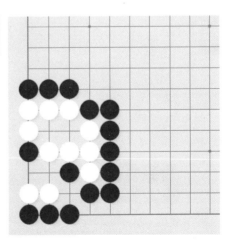

检查

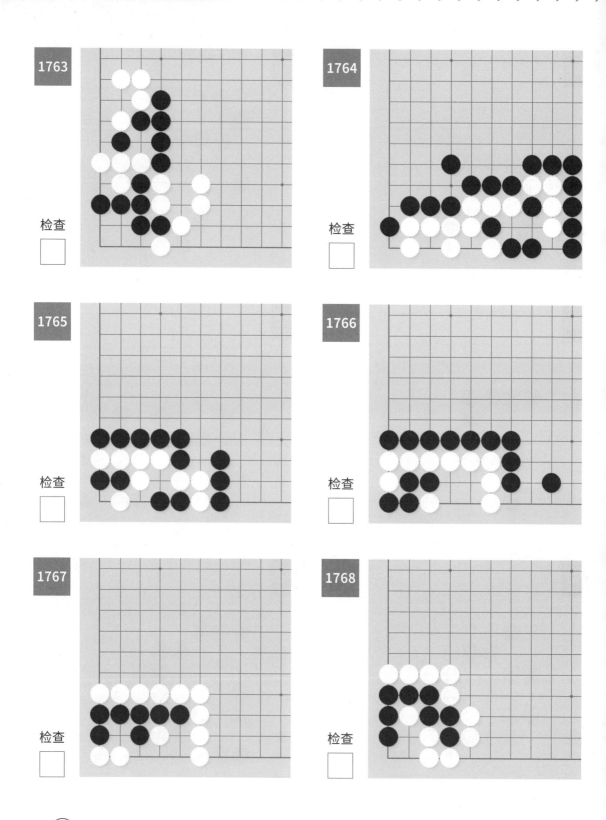

1769

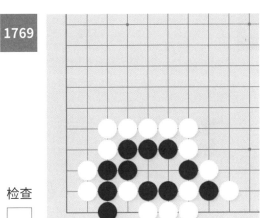

检查

1770

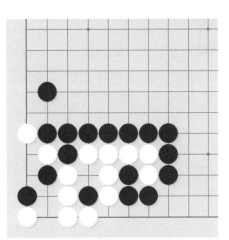

检查

1771

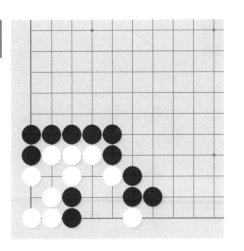

检查

1772

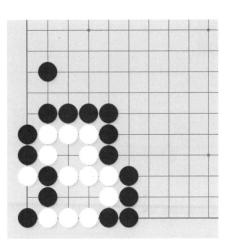

检查

1773

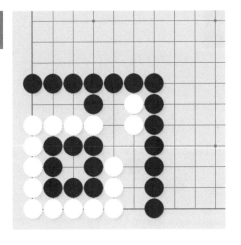

检查

1774

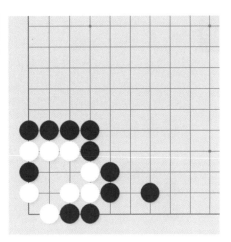

检查

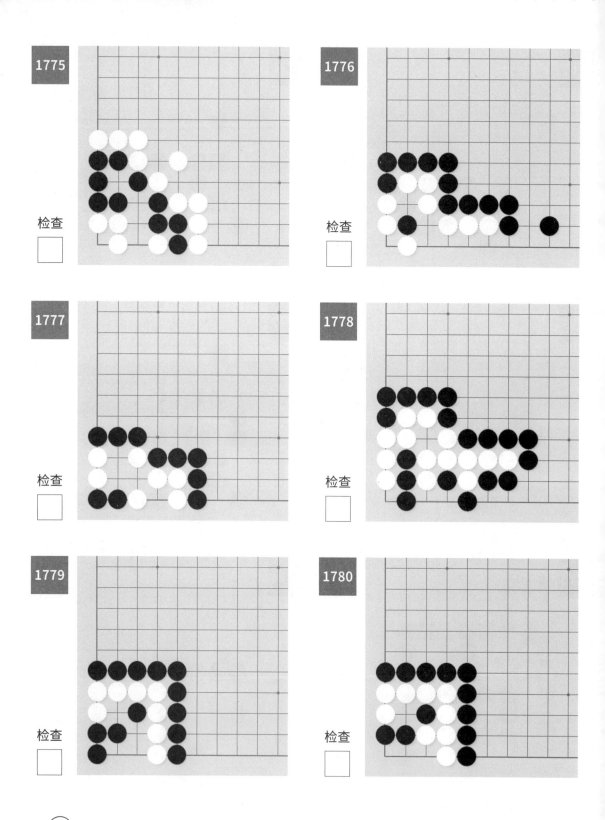

1781

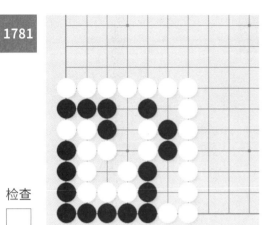

检查 □

1782

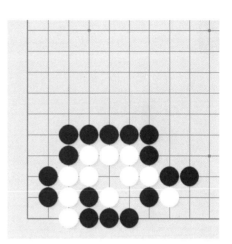

检查 □

1783

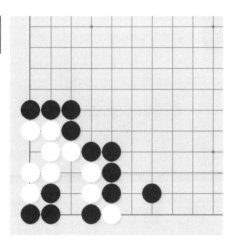

检查 □

1784

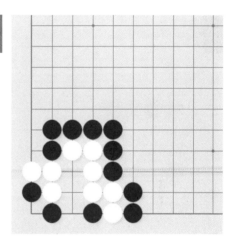

检查 □

1785

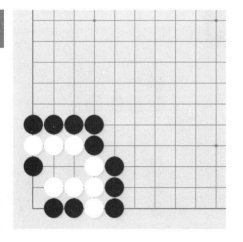

检查 □

1786

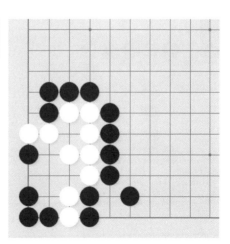

检查 □

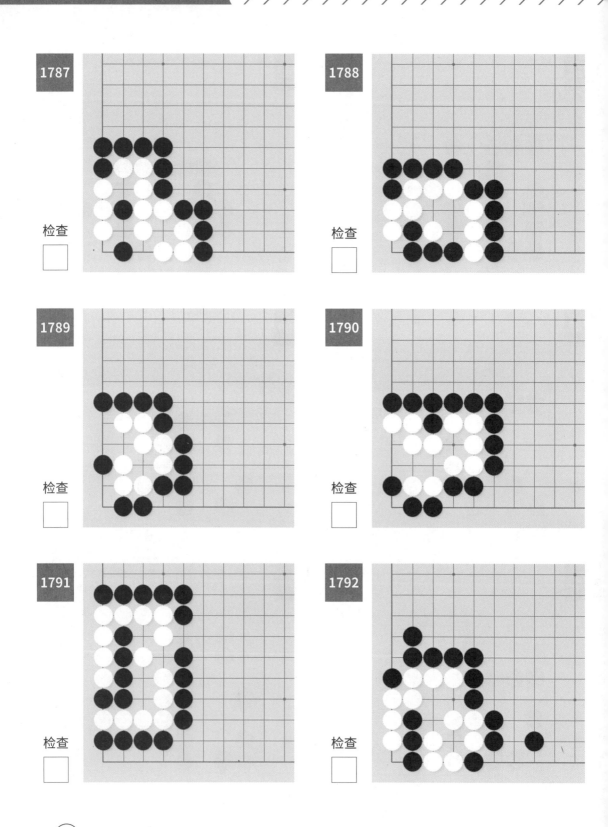

1793
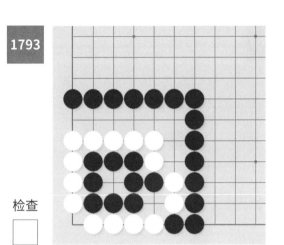

检查

1794
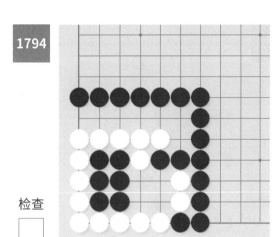

检查

1795
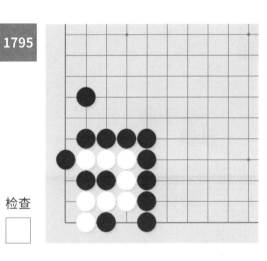

检查

1796
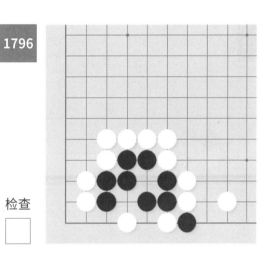

检查

1797
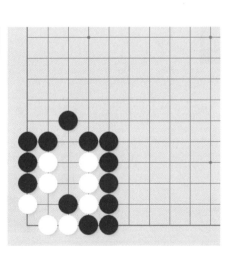

检查

1798
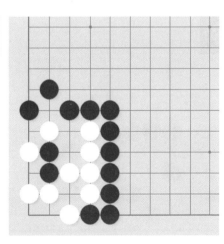

检查

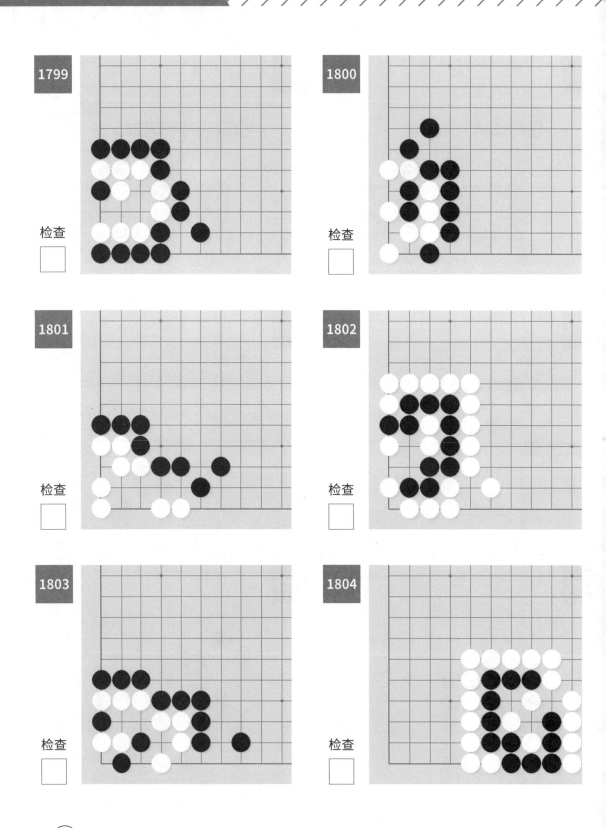

1805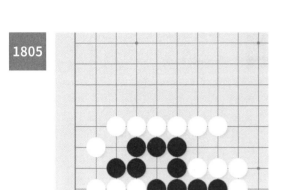

检查

1806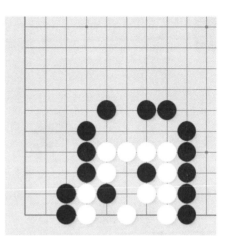

检查

1807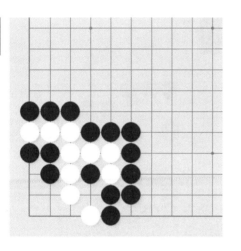

检查

1808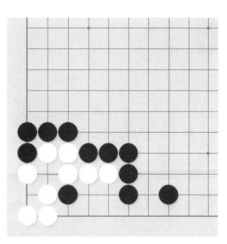

检查

1809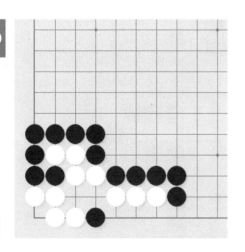

检查

1810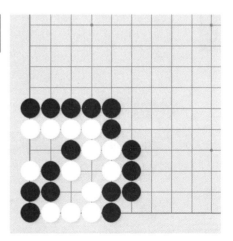

检查

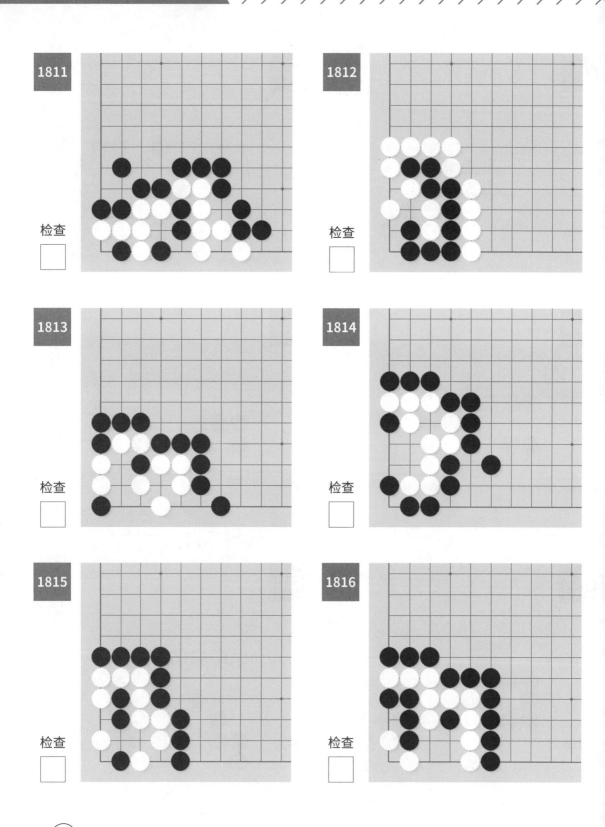

1811　检查 □

1812　检查 □

1813　检查 □

1814　检查 □

1815　检查 □

1816　检查 □

1817

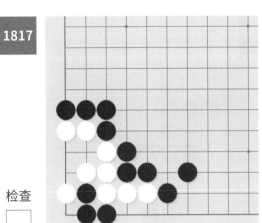

检查

1818

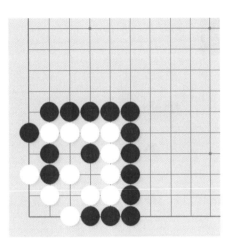

检查

1819

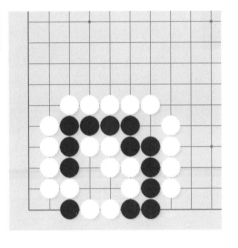

检查

1820

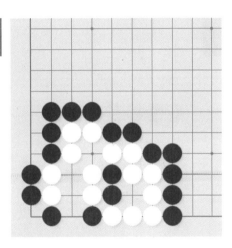

检查

1821

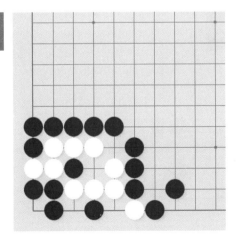

检查

1822

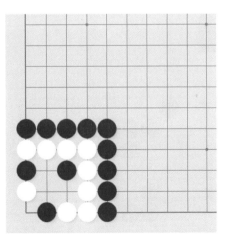

检查

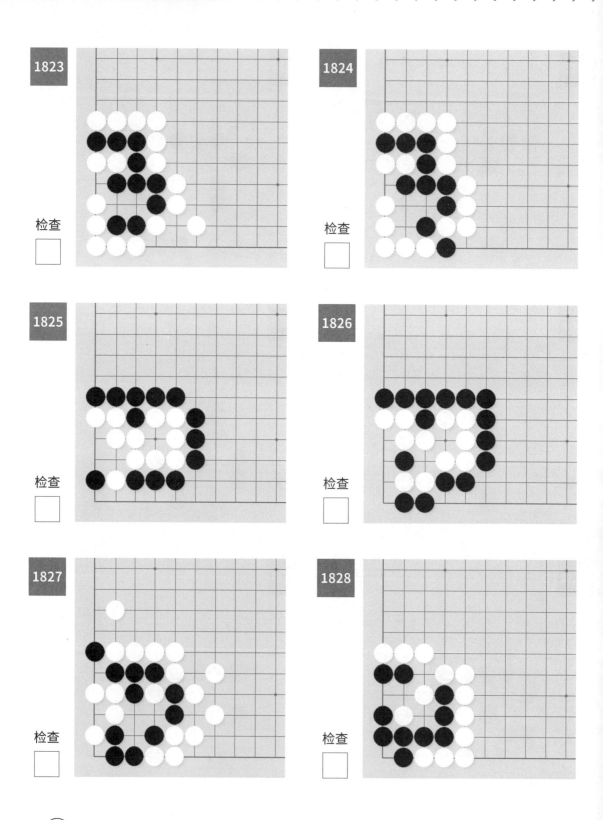

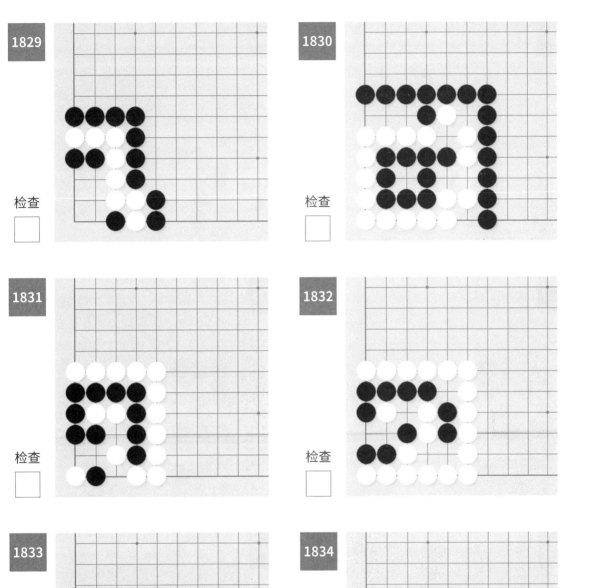

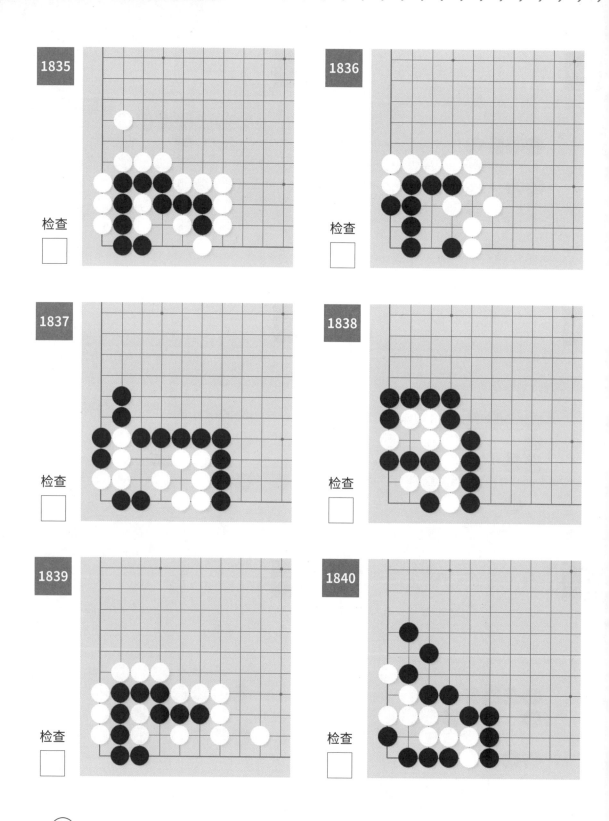

1841

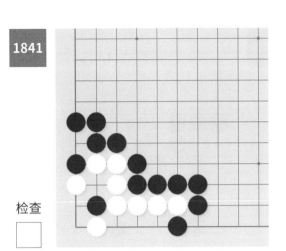

检查

1842

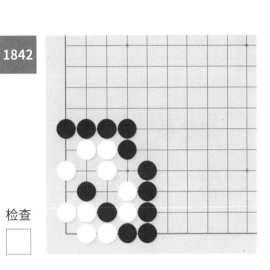

检查

1843

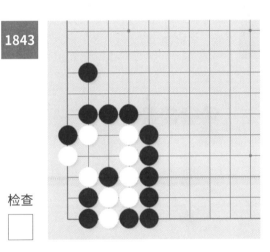

检查

1844

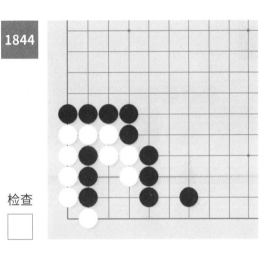

检查

1845

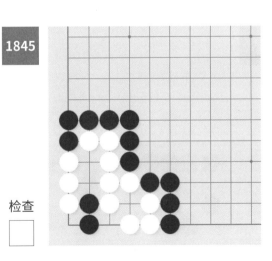

检查

1846

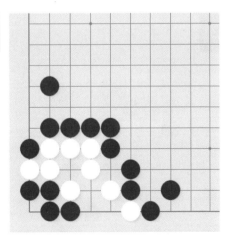

检查

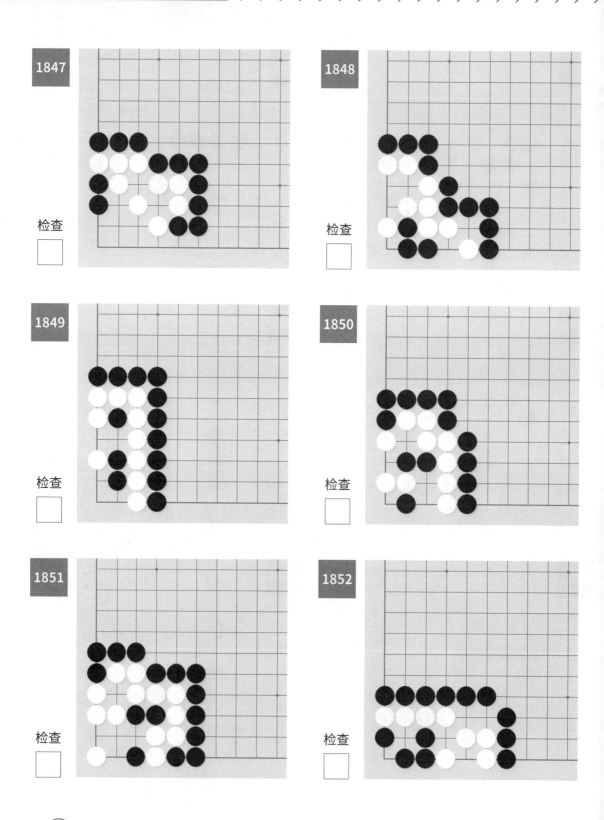

1847

检查

1848

检查

1849

检查

1850

检查

1851

检查

1852

检查

1853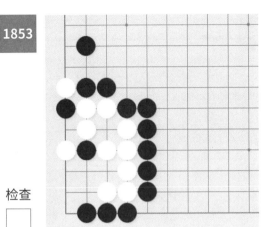

检查

1854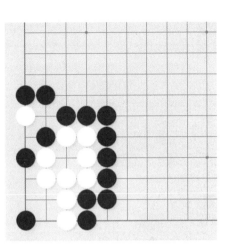

检查

1855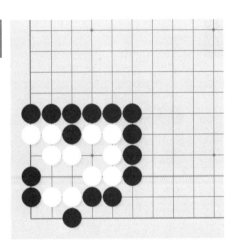

检查

1856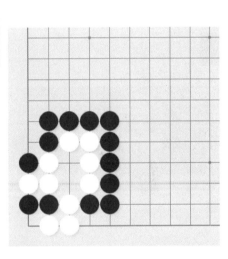

检查

1857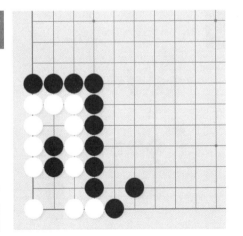

检查

1858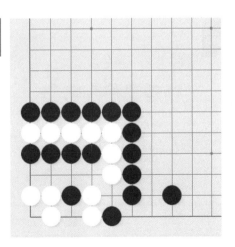

检查

165

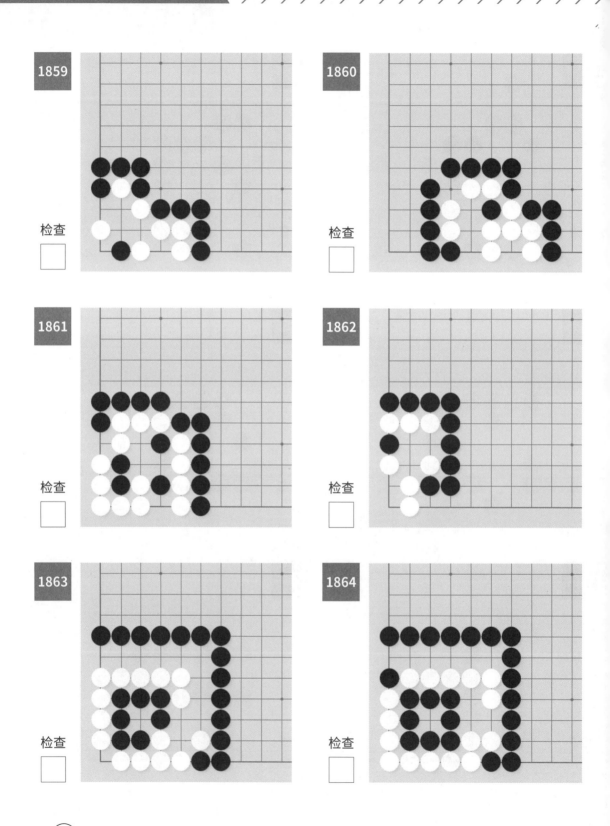

1865
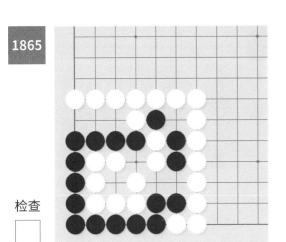
检查

1866

检查

1867
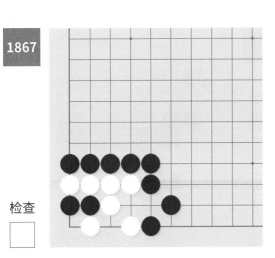
检查

1868
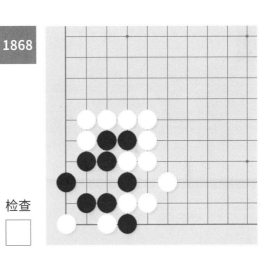
检查

1869
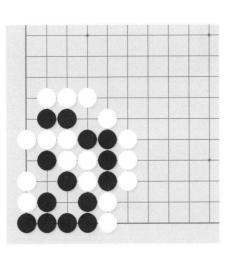
检查

1870
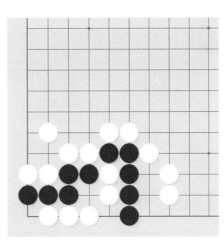
检查

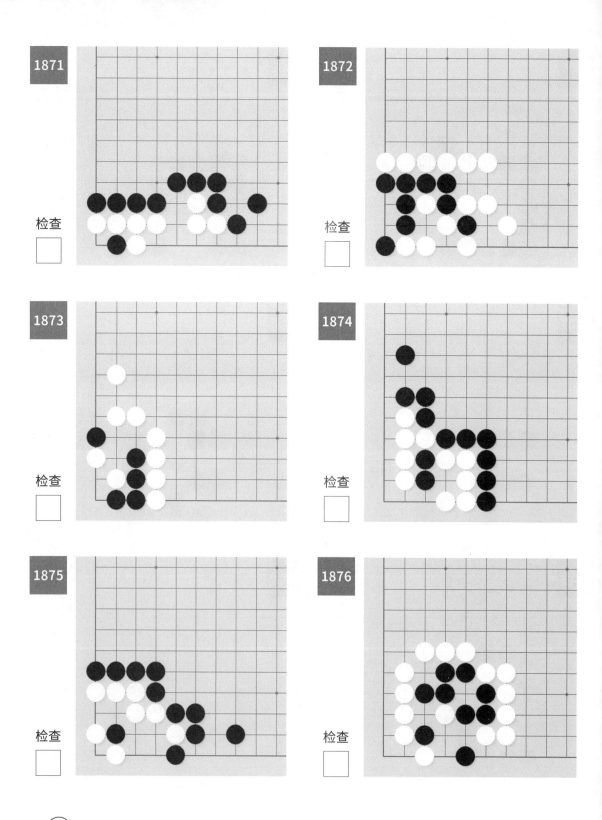

1877
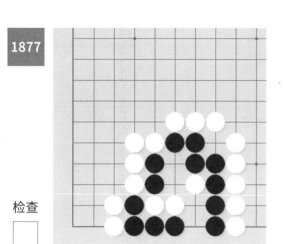
检查

1878
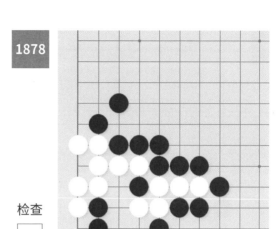
检查

1879
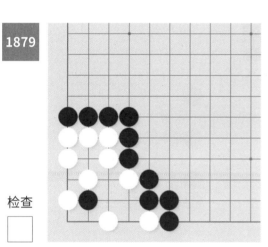
检查

1880
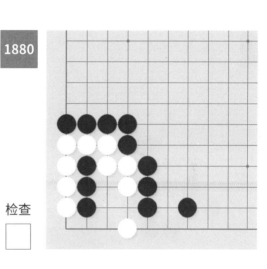
检查

1881
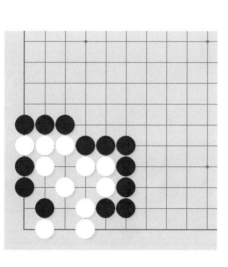
检查

1882
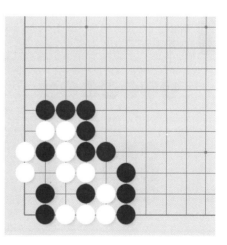
检查

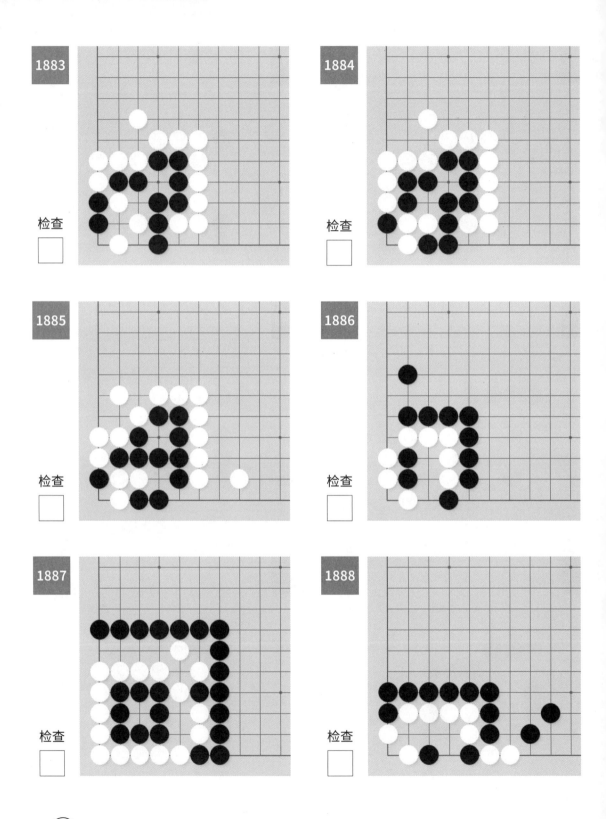

1889

检查

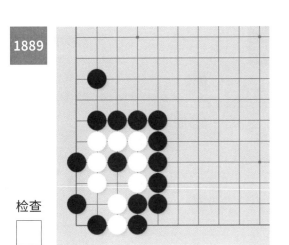

1890

检查

1891

检查

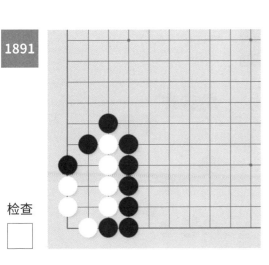

1892

检查

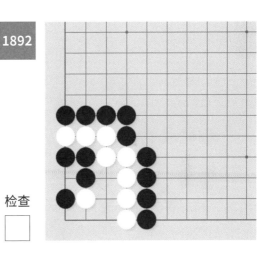

1893

检查

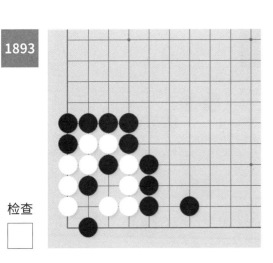

1894

检查

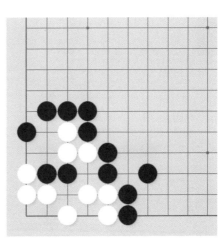

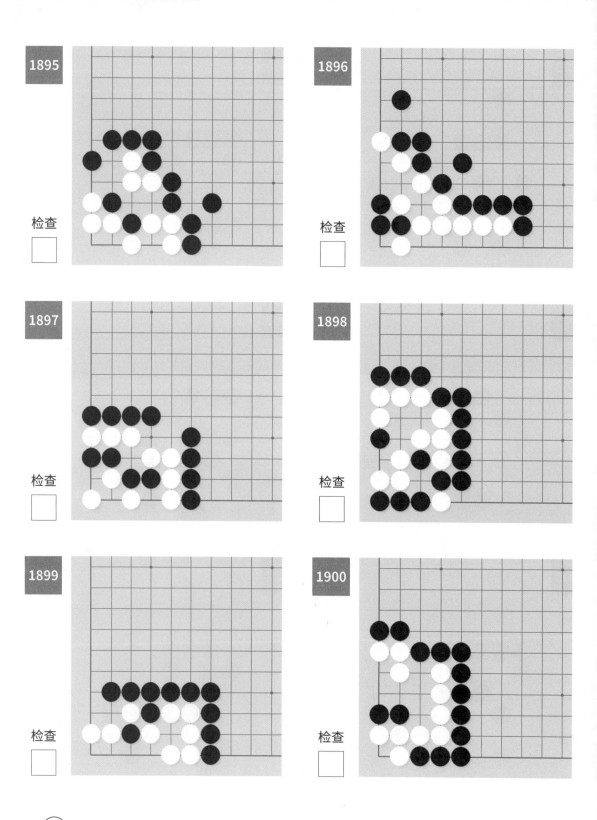

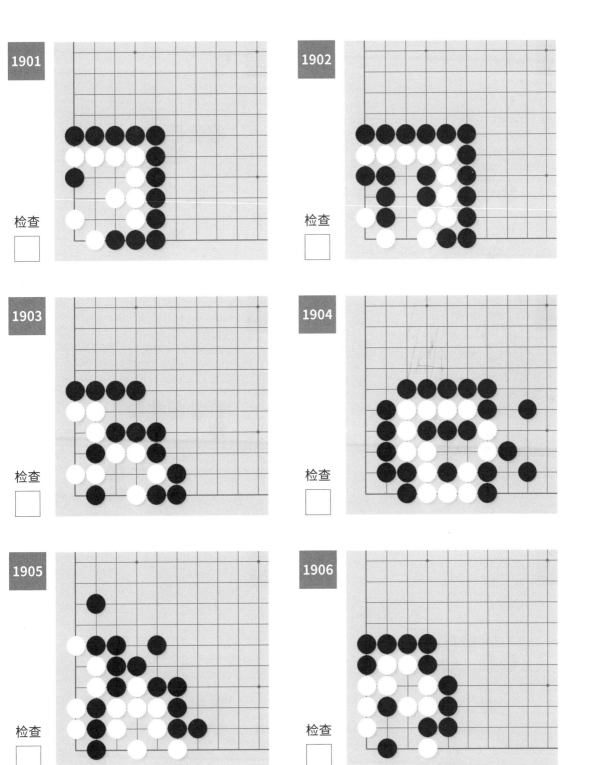

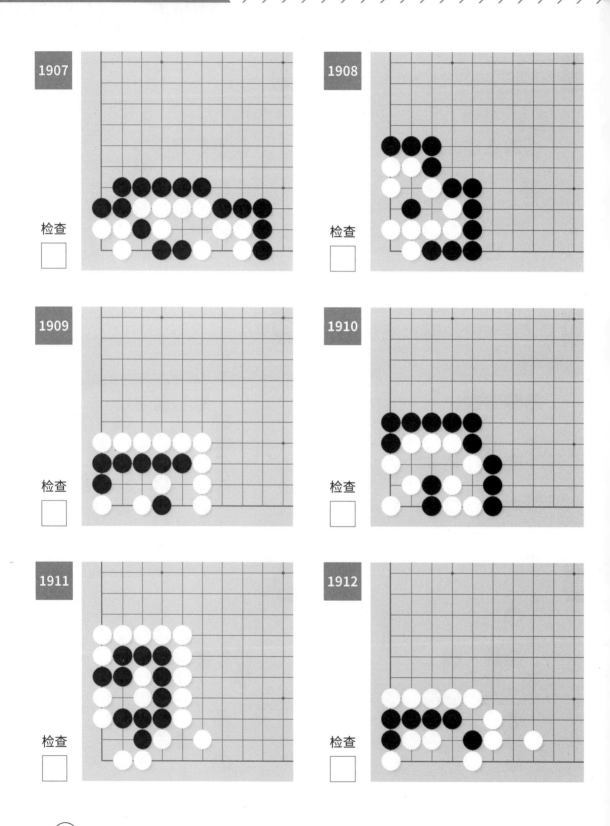

1907

检查

1908

检查

1909

检查

1910

检查

1911

检查

1912

检查

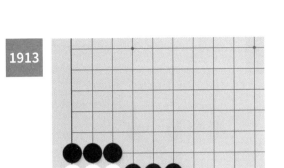

1913

检查 □

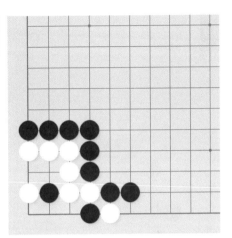

1914

检查 □

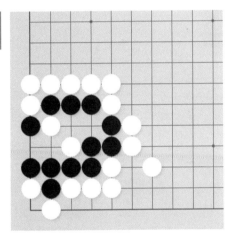

1915

检查 □

1916

检查 □

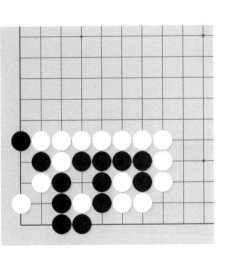

1917

检查 □

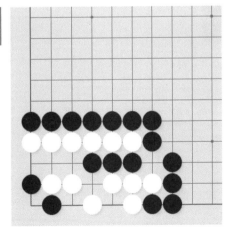

1918

检查 □

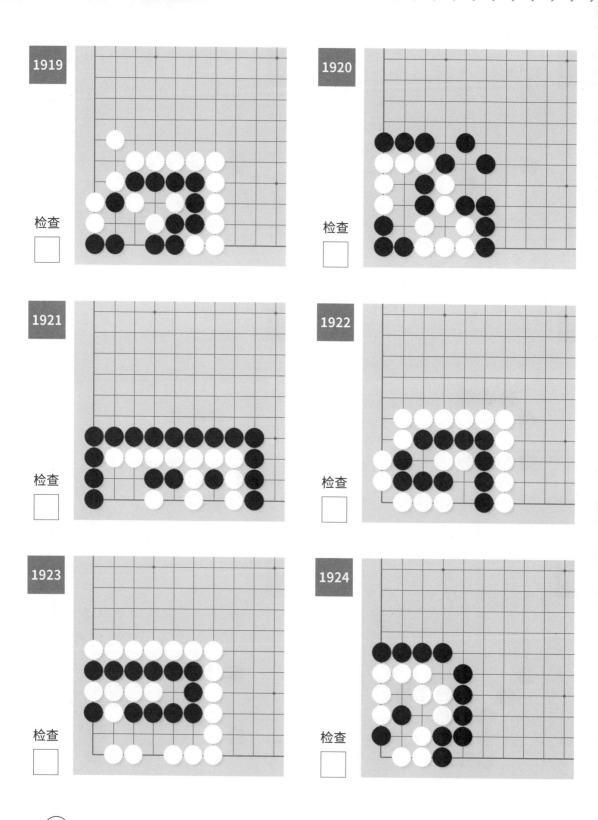

1925
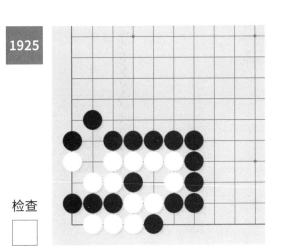
检查

1926
检查

1927
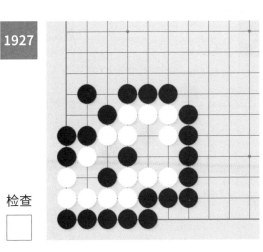
检查

1928
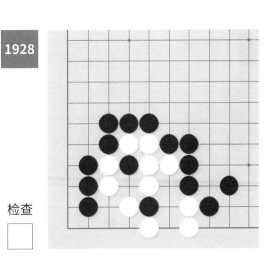
检查

1929
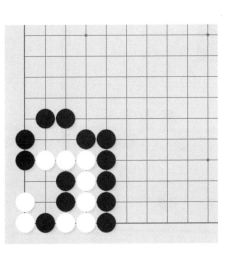
检查

1930
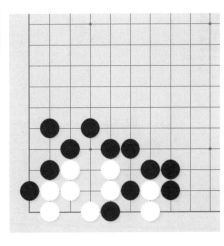
检查

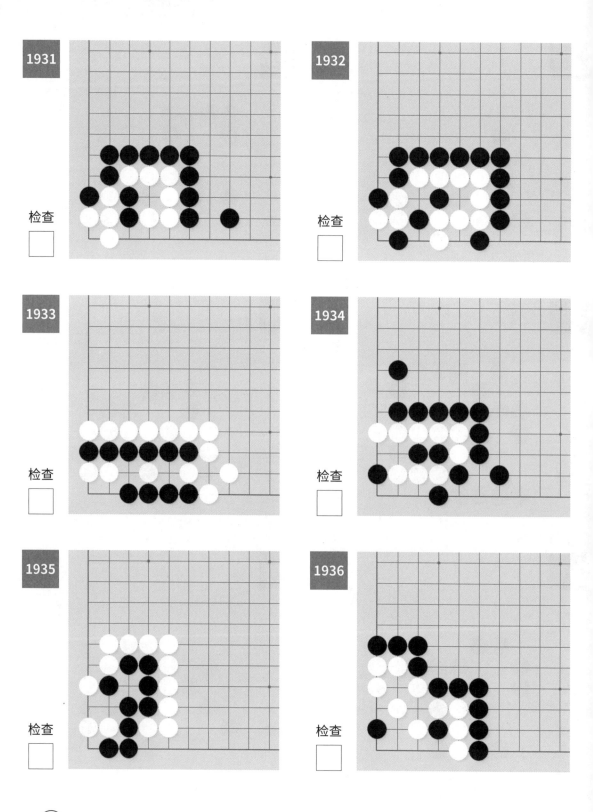

1937

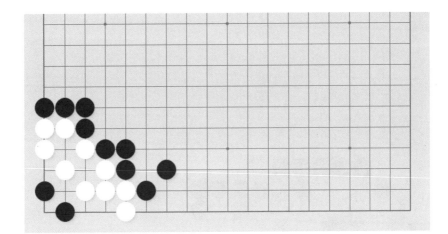

检查

1938

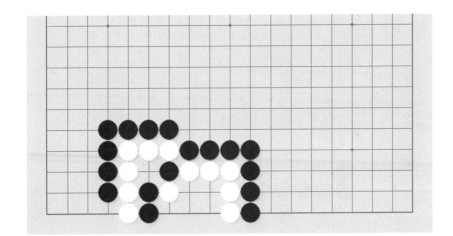

检查

1939

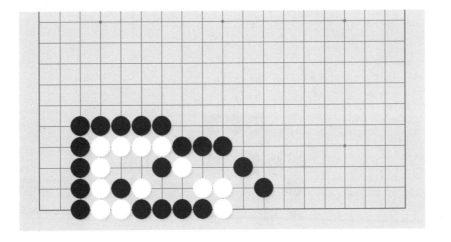

检查

1940

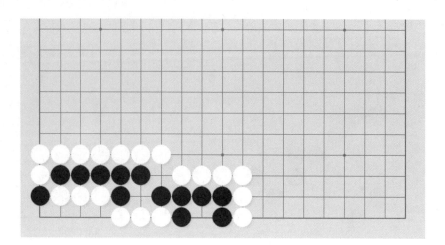

检查

1941

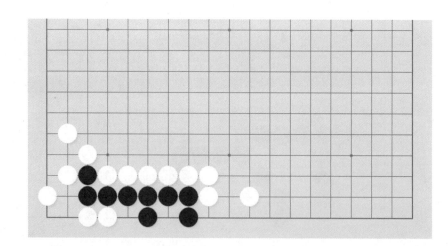

检查

1942

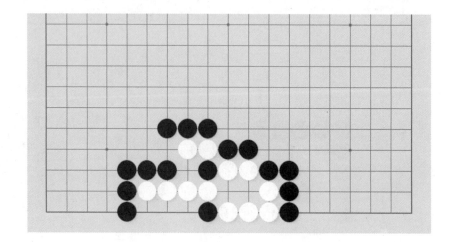

检查

1943

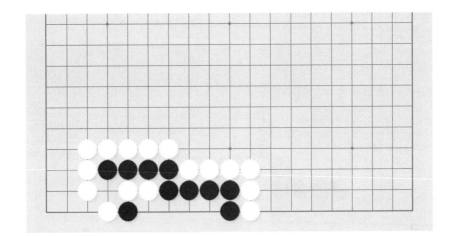

检查

1944

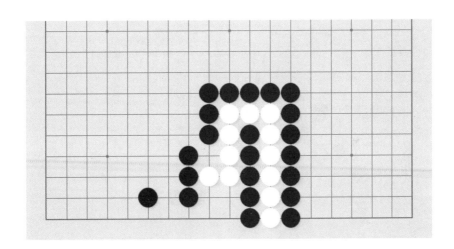

检查

1945

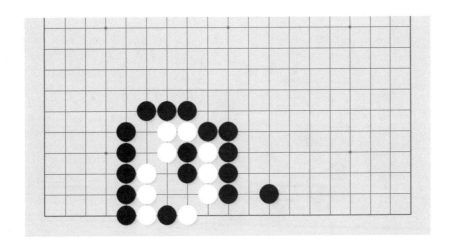

检查

1946

检查

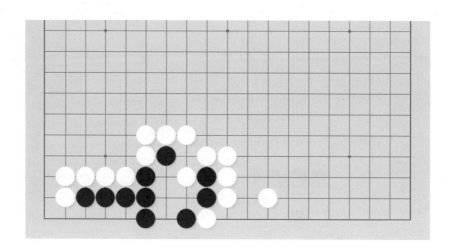

1947

检查

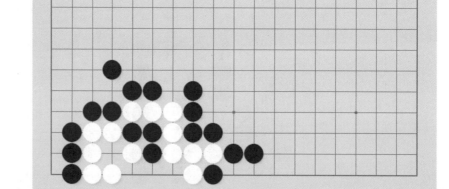

1948

检查

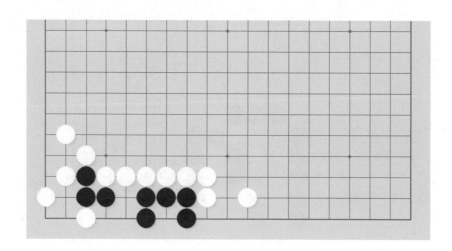

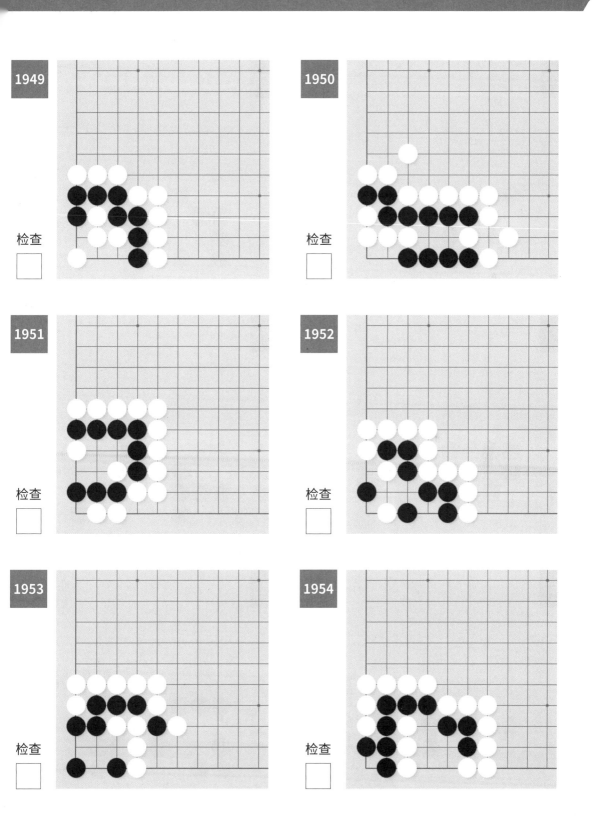

1949

检查 □

1950

检查 □

1951

检查 □

1952

检查 □

1953

检查 □

1954

检查 □

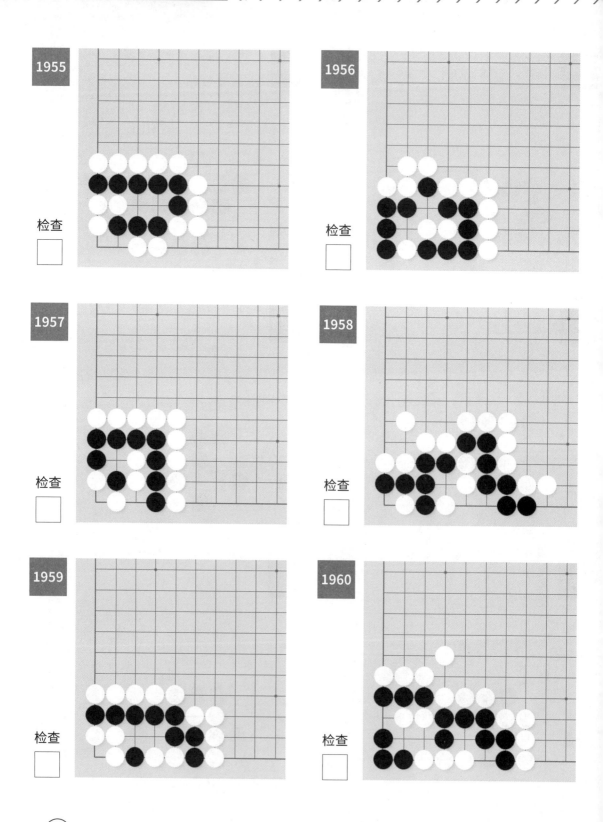

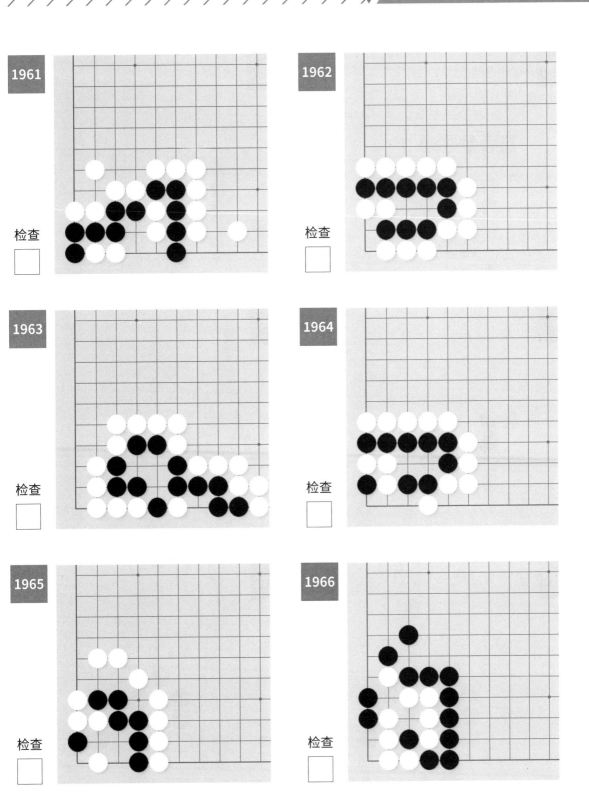

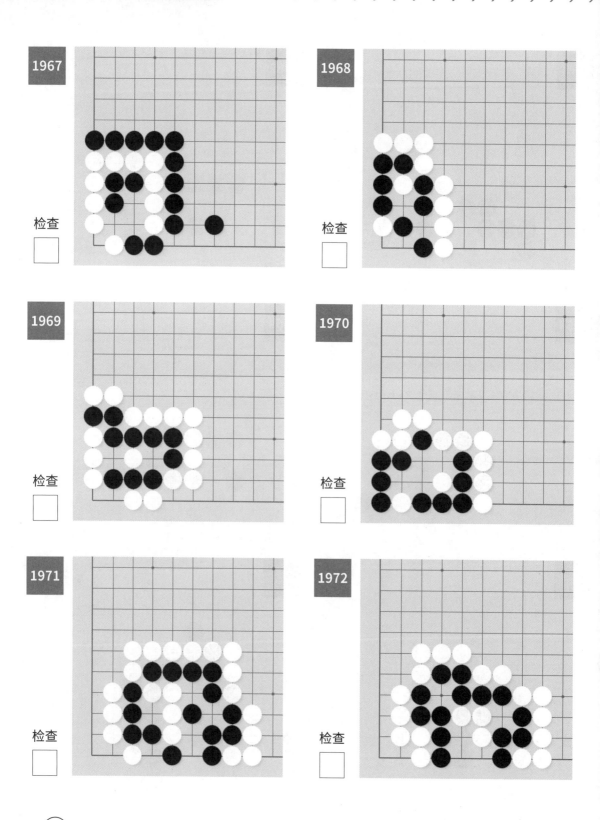

1973

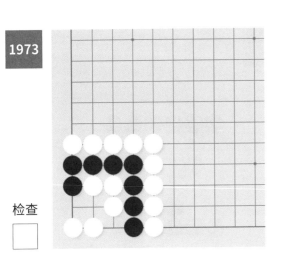

检查

1974

1975

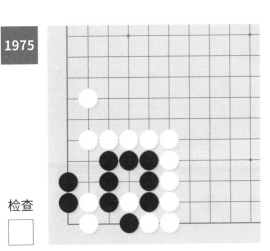

检查

1976

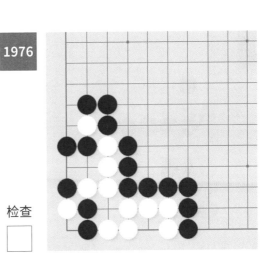

检查

1977

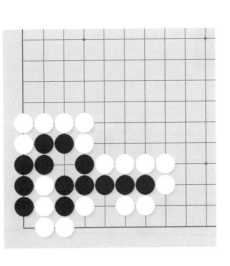

检查

1978

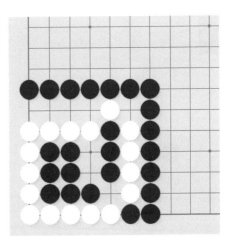

检查

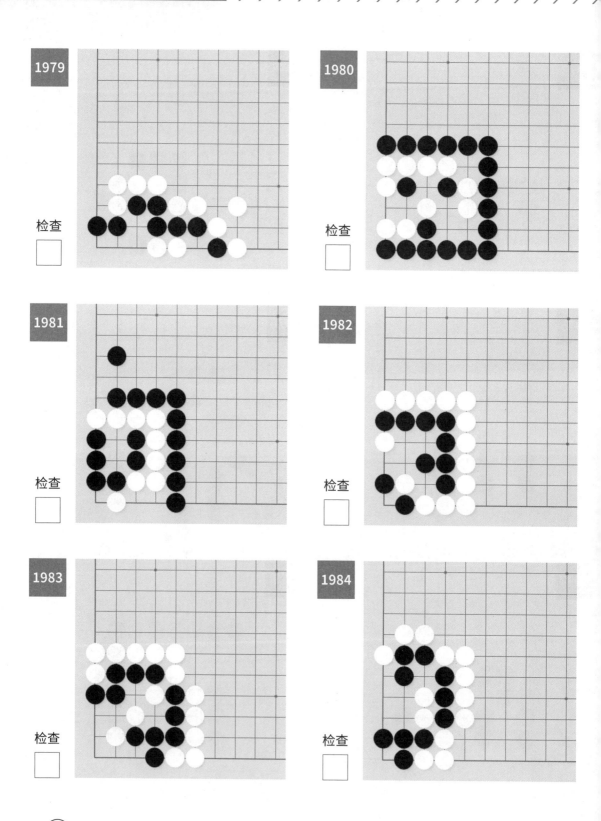

1985

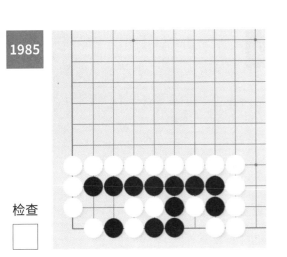

检查 □

1986

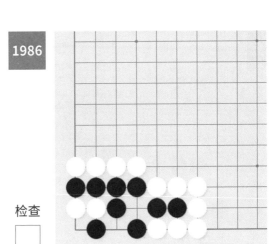

检查 □

1987

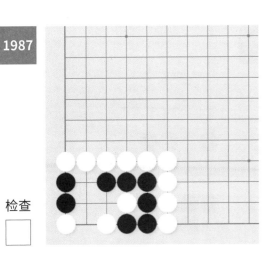

检查 □

1988

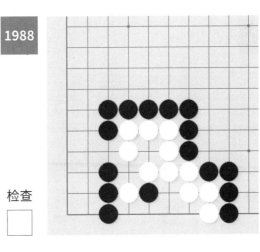

检查 □

1989

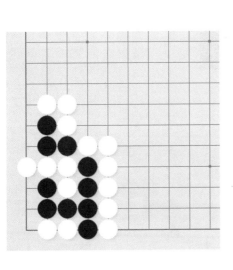

检查 □

1990

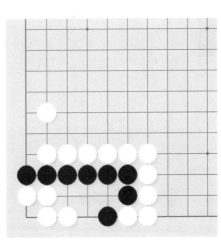

检查 □

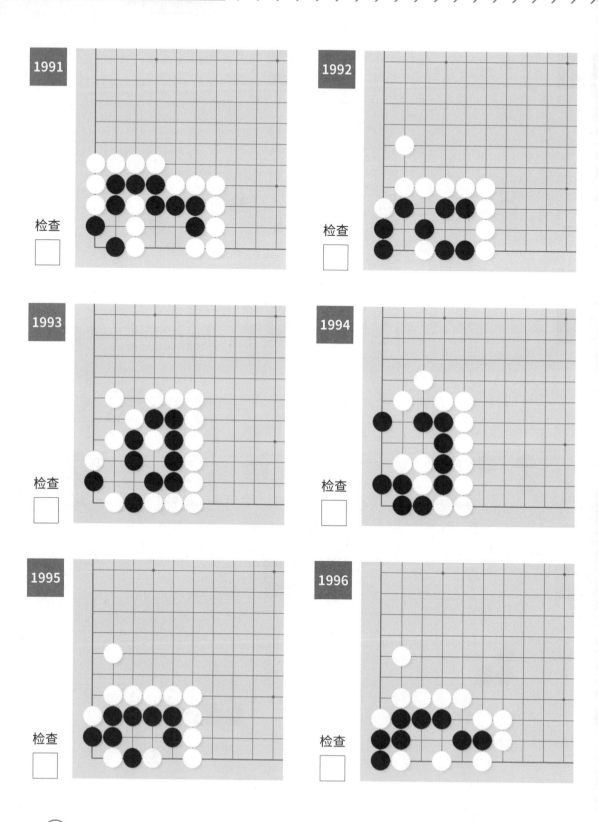

1997

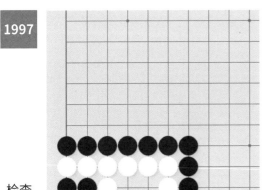

检查

1998

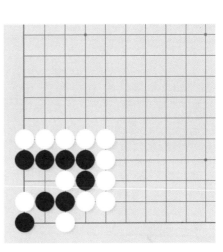

检查

1999

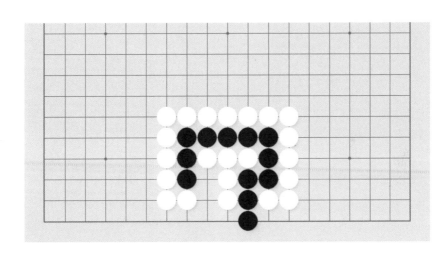

检查

2000

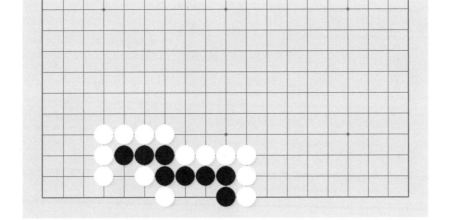

检查